KB273948

신상품 기획과 개발에서 성공까지
디자인씽킹

신상품 기획과 개발에서 성공까지
디자인씽킹

신상품 기획과 개발에서 성공까지

디자인씽킹

2016년 2월 25일 1판 1쇄
2020년 7월 15일 1판 3쇄

지은이 유병철
펴낸이 김철종
인쇄제작 정민문화사

펴낸곳 (주)한언
출판등록 1983년 9월 30일 제1 - 128호
주소 (03146)서울시 종로구 삼일대로 453(경운동) 2층
전화번호 02)701 - 6911 **팩스번호** 02)701 - 4449
전자우편 haneon@haneon.com **홈페이지** www.haneon.com

ISBN 978 - 89 - 5596 - 751 - 7 13320

* 이 책의 무단전재 및 복제를 금합니다.
* 책값은 뒤표지에 표시되어 있습니다.
* 잘못 만들어진 책은 구입하신 서점에서 바꾸어 드립니다.

이 도서의 국립중앙도서관 출판예정도서목록(CIP)은
서지정보유통지원시스템 홈페이지(http://seoji.nl.go.kr)와
국가자료공동목록시스템(http://www.nl.go.kr/kolisnet)에서 이용하실 수 있습니다.
(CIP제어번호: CIP2016004418)

신상품 기획과 개발에서 성공까지

디자인씽킹

유병철 지음

신상품 기획과 개발에서 성공까지

한언

왜 디자인씽킹인가?

기존에 없던 것을 창조하려면 다음과 같은 것들이 필요하다.

① 그 일을 수행할 역량을 갖춘 사람

② 시간·공간 등 환경

③ 다 함께 공유하고 활용할 수 있는 작업 방법

디자인씽킹은 사람들이 전혀 불편해하지 않던, 심지어 너무 당연하게 여기던 것을 새로운 관점에서 봄으로써 문제점을 발굴하는 혁신 기법이다. 즉, '일상의 보이지 않던 문제점'을 개선해 더욱 편리하고 행복한 삶을 살게 해준다.

미래지향적이고 창의적인 문제 해결 방법이기도 한 디자인씽킹은, 문제 해결 작업을 진행하는 사람 및 그와 관련된 환경에 관한 철학도 포함하고 있다. 그래서 디자인씽킹을 활용하면 소중한 사람들이 더 큰 만족감을 가지고 행복하게 살 수 있도록 미션을 수행하는 능력자가 될 수 있다. 이는 디자인씽킹의 대상과 결과물이 매우 다양하고 광범위하기 때문이다. 즉, 디자인씽킹으로 새로운 제품, 신규 서비스, 공공 서비스, 스타트업start-up(신생 벤처기업)을 위한 아이디어는 물론 사회 문제 해결 방법도 만들어낼 수 있다.

2014년 말, 구글이 선정한 최고의 미래학자인 토머스 프레이는 "2030년에는 20억 개의 일자리가 사라질 것입니다"라고 했다. 아울러 드론, 3D 프린터, 사물인터넷, 무인 자동차 등 미래 과학기술 덕에 많은 새로운 일자리들이 만들어질 것이라고도 했다. 디자인씽킹은 현재의 문제를 해결하는 것은 물론, 창조적인 미래를 만들기 위한 방법으로도 활용될 수 있다. 그래서 디자인씽킹 전문가는 프레이가 말한 '새롭게 떠오르는 필수 직업들' 중 하나가 될 것이다.

디자인씽킹 전문가들의 주요 연구 대상은 사람, 사회, 문화, 환경이다. 바로 우리가 늘 접하는, 너무도 잘 안다고 착각하는 것들이다. 그래서 디자인씽킹을 처음 접하는 사람들은 "디자인씽킹이라는 것의 결과물은 중요하고 그럴듯하구먼. 헌데, 디자인씽킹 과정과 방법이라는 것을 보니, 별다른 노하우 같은 게 없어도 누구나 잘 할 수 있을 것 같네"라는 생각을 하기 마련이다. 이는 우리나라에도 '디자인씽킹 방법론'이나 '서비스디자인 방법론' 같은 것이 소개된 지 꽤 오래 되었지만 여전히 확산이 더딘 이유다. 하지만, 필자는 디자인씽킹의 확산 속도가 이토록 느린 것이 오히려 바람직하다고 본다. 외국의 새로운 기법들이 밀물처럼 일시에 들어왔다가 2~3년 후에 완전히 잊히는 것이 지금까지 유행처럼 반복되었기 때문이다. 그런데 역사책을 보면 세상을 진보시킨 혁신적인 요소들은 쉽게 받아들여지지 않는다는 사실을 확인할 수 있다. 일단 다음과 같은 예들을 보라.

미국 경제학자인 폴 데이비드는 1989년에 발표한 논문에서 "컴퓨터와 같은 새로운 발명품이 충분히 보급되어 생산성에 영향을 미치는 수준에 이르려면 일반적으로 수십 년이 걸린다"고 했다. 이를 설명하기 위해 그가 예로 든 것은 증기기관이 전기모터로 점진적으로 바뀌었던 미국 산업계의 경험이다. 토머스 에디슨이 1882년 맨해튼 남부를 휘황하게 밝힌 이래 40여 년이 지난 뒤에야 미국 공장의 반이나마 전기를 사용하는 데 이르렀다. 물론 공장주들이 전기모터가 증기기관보다 편리하다는 사실을 모르지는 않았을 것이다. 하지만, 당시의 공장들은 구시대적으로 설계되어 새로운 기술을 활용하기가 어려웠다. 그래서 전기의 혁명적인 잠재성을 활용하려면 몇 배 더 혁명적인 변화가 필요하다고 공장주들은 깨달았다. 그래서 공장주들은 더 많은 시간을 들여 많은 돈을 번 뒤에야 교외의 더 넓은 부지에 혁신적인 새 공장을 지을 수 있었다. 그 뒤에는 혁신이 더욱 가속화되었다.

폴 데이비드뿐만 아니라 다른 학자들도 혁신적인 기술이나 방법이 대중에게 온전히 받아들여져 활용되는 데 약 30~50년이 걸린다고 주장한다. 세대가 바뀌기 전에는 기존의 것이 바뀌지 않기 때문이다. 1990년대까지만 하더라도 신세대 젊은이들의 전유물이었으며, 2000년에 이르러서야 남녀노소 모두 활용하기 시작한 인터넷을 떠올려보라. 기성 세대가 사라지고 새로운 기술을 온전하게 받아들일 준비를 갖춘 새로운 세대가 나타나기 전까지 진정한 변화는 오지 않는다. 디자인씽킹도 이런 과정을 거친다고 본다. '창의적인 문제 해결 방법론'이 많이 알려져있지만, 정작 실천하는 사람은 많지 않은 것을 보면 그렇다.

그래서 필자는 이러한 추세 때문에 '디자인씽킹이 일순간의 유행이 아니라, 인터넷처럼 사회에 큰 변화를 장기간 지속적으로 가져올 중요한 분야'라고 확신한다. 이를 증명이라도 하듯 디자인씽킹을 직접 경험해본 사람이 조금씩 늘고, 수행 과정과 결과에 대한 만족도 또한 높다고 한다. 디자인씽킹 방법론이나 디자인씽킹 툴킷 관련 도서들도 아주 많이 등장했다. 감사할 만한 일이다. 필자의 욕심이라면 여기에 '디자인씽킹을 왜 해야 하는지'에 대한 구체적인 설명이 더해졌으면 좋겠다는 것이다. 그래서 이 책을 냈다. 방법을 알면 일을 시작할 수는 있지만, 수행 과정에서 어려움에 직면했을 때 이를 극복할 수 있는 힘과 열정은 그 방법이 옳다는 확신과 믿음에서 나오기 때문이다. 그래서 필자는 이 책으로 디자인씽킹에 대한 확신과 믿음을 심어주려고 한다. 그러한 확신과 믿음은 스스로에게 "왜(Why)?"라는 질문을 진지하게 던지고, 그에 대한 답을 얻는 사람만이 가질 수 있는 특권이다.

한편, 우리와 달리 유럽과 미국 등에서는 디자인씽킹이 오래 전부터 문제 해결 방법론으로 활용되어왔다. 그러한 추세가 최근 여러 채널들과 사람들을 통해 우리나라에도 소개되고 있다. 그 일환으로 대기업들에서는 10여 년 전부터 글로벌 컨설팅 기업을 통해 디자인씽킹을 연구하고 실용화했다. 최근에는 중견기업, 공공기관, 정부 중앙 부처 등에서도 디자인씽킹을 더욱 적극적으로 도입하고 있다. 비록 시간이 걸리겠지만, 우리나라의 모든 산업의 경쟁력이 디자인씽킹으로 더욱 높아질 것이라고 기대한다. 또한, 부족한 이 책을 통해 디자인씽킹의 방법을 눈으로 읽는 데 그치지 않고 직접 실행하기를, 그리하여 독자 여러분들도 새롭고 창의적인 문제 해결 기법인 디자인씽킹에 대한 확신과 믿음을 가지고 지속적으로 실천하기를 기대한다.

2016년 겨울

분당에서

차 례

〈제2장〉

왜 사람들은 디자인씽킹 방법론을 좋아하는가?

〈제3장〉

디자인씽킹을 잘하려면 준비해야 할 자질

제1장

생존과 성장의 새로운 도구, 디자인씽킹

1. 디자인씽킹이란 무엇인가?

디자인씽킹Design-thinking은 미래지향적이고 창의적인 문제 해결 방법이다.

여기서 먼저 주목해야 할 단어가 디자인Design이다. 전통적으로 디자인의 의미는 제품의 모양을 만든다든가, 특정한 개념이나 사물을 시각적으로 잘 표현하는 것 등이다. 하지만 디자인씽킹에서 디자인의 정의는 '조직의 문화' 또는 '창의적인 문제 해결 과정'이다. 즉, '조직을 운영하는 방법'이나 '경영의 기본 맥락'이다. 세계적 산업 디자인 전문 기업 IDEO의 창업자 팀 브라운은 이에 따라 디자인씽킹을 이렇게 정의했다.

개인·조직이 관찰과 공감으로 타겟 고객을 심층적으로 이해함으로써 핵심 문제를 명확히 정의하고, 이를 해결하는 데 필요한 대안을 찾는 '확산적 사고'와, 주어진 상황에 맞는 최선의 방법을 찾는 '수렴적 사고'를 반복하여 혁신적인 가치를 만들어내는 창의적이고 집단적인 문제 해결 방법이다.

결국 디자인씽킹의 개념에는 문제 해결을 위한 방법(Method)과 프로세스Process, 문제를 해결하는 사람의 태도(Mindset)까지 포함된다. 좀 더 세부적으로는 다음과 같은 3가지 개념으로 분류할 수 있다.

(1) 사람의 경험을 탐구해 미래를 열어주는 도구

경영은 개인·조직이 과거나 현재에 머무르지 않고 미래를 열어 새로운 가능성으로 다가가게 해주는 활동이다. 즉, 개인·조직이 지속적인 성장을 위해 새로운 기회를 끊임없이 추구하는 활동이다. 성공하겠다는 야심과 열정을 가진 개인·조직은 현재보다 미래를 더 많이 바라본다. 디자인씽킹은 바로 이렇게 미래를 개척하려는 개인과 조직에 필수적인 도구다. 이는 디자인씽킹이 사람들의 니즈Needs, 즉 '당장 해결해야 할 문제를 가진 사람들의 절박한 욕구'에 맞춰진 인간 중심적(Human-Centered) 활동이기 때문이다.

지금까지 없던 혁신적인 제품을 개발할 때를 떠올려보라. 그럴 때 흔히 시도하는 방법이 벤치마킹Benchmarking이다. '다른 업체는 무엇을 하는가?'를 살펴본 뒤, 그 업체의 것을 능가하는 새로운 제품·서비스를 만들어내는 것 말이다. 이렇듯 우리의 관점은 '제품'에 쏠려있다. '휴대용 컴퓨터 저장 장치'라는 제품도 생각해보자. 이는 플로피 디스크, CD, USB 순으로 발전해왔다. 그리고 최근에는 대용량(Terra bite) 저장 매체로까지 진화했다. 그러면 사람들이 절박하게 해결하려는 문제, 즉 니즈가 무엇이기에 이러한 진화가 이루어졌을까? 그것은 바로 "내가 만들거나 사용하는 데이터를 쉽게 저장·관리하고 싶다"는 것이다. 이는 개인이 별도의 저장 장치를 가지고 다니지 않아도 언제 어디서든 데이터를 저장하거나 활용할 수 있는 N드라이브나 웹하드, 클라우드 같은 창의적인 아이디어로 이어졌다.

디자인씽킹은 사람들의 니즈를 알아내기 위해 사람들의 경험을 탐구하는 작업이다. 사람들의 경험을 이해하면 기존에 존재하지 않았던, 어느 누구도 생각해본 적조차 없는 새로운 것을 창조할 수 있다. 그래서 혁신적인 제품·서비스를 만들려는 사람들은 잠재 고객들에게 무엇을 선호하는지 묻는 조사를 한다. 하지만, 지금 존재하는 제품의 선호도를 파악하는 것만으로는 부족하다. 기존 제품은 이미 누군가가 만들어낸 '과거의 것'이기 때문이다. 잠재 고객들의 입에서 "저건 혁신이야!"라는 말이 나오게 하려면 잠재 고객들의 경험 전체를 이해해야 한다. 즉, 그 안에 진정 무엇이 들어있는지 파악해야 한다.

(2) 직원의 머릿속 아이디어에
생명력을 불어넣는 마법의 주문

잠재 고객들의 니즈를 파악하기 위해 그들의 경험을 탐구하는 디자인씽킹 과정에서 필수적으로 요구되는 것이 고객과 공감하는 능력이다. 그런데 바로 이 공감력은 우리 모두가 이미 가지고 있는 본능이다. 상대방이 슬퍼하면 나도 슬프고, 상대방이 기뻐하면 나도 기분이 좋은 것도 바로 이 공감력 때문이다. 하지만, 공감력이 뛰어난 개인들이 대기업 같은 큰 조직에서 다른 이들과 함께 일하노라면 어느새 공감력을 잃어버린다. 오히려, 여러 사람들이 함께 모인 곳에서는 공감력이 더 잘 발현될 것 같은데 말이다. 왜 그럴까?

때로는 상사들이 담당 직원들에게 즉시 결과를 내놓으라고 요구한다. 결과물을 즉시 제출해야 한다는 스트레스를 받는 직원들은 고객을 제쳐둔 채 자신의 경험만 활용해 문제를 정의하고 아이디어를 내놓는다. 그런데, 이러한 직원만의 경험은 지극히 한정적이다. 더군다나 직원이 바로 그 고객 자신인 것도 아니다. 고객은 자신이 이용하는 제품·서비스를 만드는 회사의 구성원들과는 전혀 다른 생각과 삶의 경험을 가지고 있을 수도 있다. 제품·서비스를 만드는 회사의 직원들은 중년이지만, 이러한 것들을 사용하는 타겟 고객들은 청소년인 경우도 있다. 이럴 때 직원과 고객의 경험 차이는 더욱 크다. 그러나 지금까지는 직원들이 상사의 지시에 따라 제품을 만들거나 서비스를 제공해도 별 문제가 없었다. 하지만 오늘날에는 경쟁사들이 너무 많다 보니, 자신의 니즈를 해결하지 못한 고객은 결국 다른 기업의 제품·서비스를 사용하게 된다. 기업 입장에서는 고객을 뺏기는 것이다.

디자인씽킹은 직원이 자발적으로 움직이면서 고객의 경험을 기반으로 제품·서비스를 만드는 과정이다. 아울러 디자인씽킹은 아주 체계적인 방법에 따라 창의적인 제품·서비스를 만듦으로써 고객의 니즈를 만족시킨다. 심지어 디자인씽킹이 제시하는 과정을 그대로 따랐더니, 기존에는 예측조차 할 수 없었던 결과물이 나오기도 한다. 이렇듯 디자인씽킹은 조직 내의 우수한 개인들이 공감력과 (그것에 기반을 둔) 창의력을 더 크게 표출할 수 있도록 도와준다. 그래서 디자인씽킹은 개개인은 물론 그가 속한 기업의 생존과 성장에 필수적이다.

(3) 조직이 창의성을 갖추는 데 필요한
　　　3가지 요소를 완성시키는 퍼즐

창의적인 조직을 이루려는 경영자가 대개 먼저 하는 것이 환경을 바꾸는 것이다. 그런 경영자는 직원이 오전이든 오후든 편리할 때 출근하도록 출근 시간을 탄력적으로 조정하거나, 직원들이 서로를 '○○파트너', '○○님', '○○매니저'처럼 수평적으로 호칭하게 한다. 외부 강사를 모셔와 창의성을 키워주는 교육도 하고, 회식을 자주 해 우호적인 분위기도 조성해보려고 한다. 심지어 적지 않은 예산을 들여 사무실의 인테리어를 바꾸기도 한다. 경영자가 보기에 이러면 조직이 바뀌는 것 같다. 직원들도 좋아한다. 적어도 3개월 정도는 말이다.

그런데 이러한 일련의 활동이 기업의 성과로 이어지지는 않는다. 어차피 성과로 이어졌는가를 확인할 방법도 없다. 위와 같은 활동은 창의적인 조직이 갖추어야 할 3가지 요소들 중 '환경'과 관련된 것일 뿐이기 때문이다. 물론 '환경'은 중요한 요소다. 하지만 이 환경적 요소를 기반으로 창의적인 결과물이 나오게 해주는 구체적인 실행도구가 필요하다. 그것이 바로 디자인씽킹이 제안하는 아래의 2가지 요소다. 환경과 실행도구들이 만났을 때 비로소 원하는 성과를 낼 수 있는 완전한 퍼즐이 완성된다.

첫 번째 요소는 바로 디자인씽킹의 과정을 기업의 구성원들 모두가 공유하는 것이다. 이를 위해서는 준비하기, 살펴보기, 공감하기, 정의하기, 펼쳐보기, 완성하기, 전달하기 등 7단계가 필요하다. 이 7단계에 대해서는 '제10장. 24시간에 끝내는 디자인씽킹 기획'에서 보다 더 자세히 살펴보겠다. 일단 경영자는 이러한 7단계 과정이 직원들 사이에서 공용어가 되게끔 만들어야 한다. 기업이 새로운 상품·서비스를 만들어내거나, 현재 존재하는 상품·서비스의 경쟁력을 향상시키려면 리더와 구성원들, 그리고 각각 다른 부서의 구성원들이 '같은 언어'로 소통해야 하기 때문이다.

두 번째 요소는 이러한 과정을 실행하고 이끌 전도자(Evangelist)들이다. 기존에는 업무와 관련된 주요 사항을 결정하거나 구성원들을 이끄는 사람을 직위나 직책으로 구분했다. 하지만 이제는 디자인씽킹 경험이 있는 전도자들이 실행자, 돌파자, 경험자로서 이러한 과정을 주도적으로 제시하고, 다른 사람들을 이끌어야 한다. 물론 다양한 경험과 배경을 가진 사람들이 모이고, 그들 각자의 다양성을 녹여낼 수 있는 환경도 이루어야 한다. 즉, 디자인씽킹과 관련된 전도자의 역할은 조직에서 다양한 사람들을 모으고, 그들이 역량을 최대한 발휘하도록 앞에서 이끌면서 자신의 경험을 공유하도록 만드는 것이다. 이러한 전도자들이 조직 내에 많아질수록 그 조직이 가지는 혁신의 잠재력은 더욱 커진다.

2. 인도 여인들은 왜 우물을 사용하지 않았는가?

1980년대, 인도의 어느 마을에 국제 기구로부터 자금을 지원 받는 구호단체가 도착했다. 이들의 목적은 도움이 필요한 사람들을 지원하는 것이었다. 마을 노인들과 함께 마을을 돌아보며 프로젝트 주제를 찾던 멤버들의 눈에 무리를 지어 가는 마을 여인들이 들어왔다.

그녀들의 머리에는 큰 물동이가 두 겹으로 겹쳐져 있었다. 여인들은 집에서 사용할 물을 길러 강가로 가는 것이었다. 마을에서 강까지는 왕복 2시간이 넘는 먼 여정이었다. 이렇게 힘든 일을 마을 여인들은 매일 2~3차례씩 반복하고 있었다. 구호단체의 리더가 외쳤다.

"이겁니다! 마을 여인들을 위해 우리가 해야 할 일을 찾았어요!"

구호단체는 마을 입구의 빈터에 큰 우물을 팠다. 하지만 우물을 이용하는 사람은 별로 없었다. 마을 여인들은 기존에 그랬듯이 계속 강으로 갔다. 구호단체 사람들은 곧 그 이유를 알게 되었다. 머나먼 지역에 있는 다른 마을에서 이 마을로 시집 온 며느리들에게 물을 길러 가는 시간은 '노동의 시간'이 아니라 '해방의 시간'이었다. 고된 일상생활과 시어머니로부터의 구박에서 벗어날 수 있는 시간이었던 것이다. 또한, 처지가 비슷한 여인들끼리 눈치 안 보고 신세 한탄을 하거나, 남편이나 시어머니를 흉볼 수 있는 오락 시간이었다.

이 이야기는 2007년도에 필자가 일하던 미국 디자인 컨설팅 회사인 도블린Doblin의 문화인류학자 마이크 영블루드 박사에게서 직접 들은 것이다. 영블루드는 자신이 '사람과 경험'에 집중해 그 사람들이 가지고 있는 핵심 문제를 먼저 파악했어야 한다고 말했다. 이 사례는 현상에 대해 우리가 기존에 알던 해결 방법만 고려하면서 시장에 새로운 제품·서비스를 제공하면 직면할 수 있는 문제를 보여준다.

(1) 아버지와 아들은 왜 다투고 있는가?

기업의 성장 전략을 컨설팅하는 점프JUMP의 대표인 데브 팻나이크는 저서인 《와이어드》에서 이런 사례를 소개했다.

대학에 입학해 기숙사에 들어가게 된 아들이 아버지와 말씨름을 했다. 아들은 밤샘 공부를 하려면 차를 끓여마실 전기주전자가 필요하다고 주장했다. 아버지는 기숙사에 전기주전자 하나 없겠느냐며 아들의 주장을 일축했다. 이는 미국 대형 마트의 주방용품 코너에서 실제로 일어난 일이라고 한다. 이를 목격한 사람이 이렇게 물을 것이다.

"문제는 누구(Who)에게 있을까요?"

필자도 그동안 진행한 다양한 워크숍에서 이 이야기를 소개했다. 참가자들이 내놓은 답은 대개 이러했다.

① 주전자를 특별히 좋아하는 아들이 문제다.

② 경제 관념이 투철해서 더 저렴한 주전자를 사려는 아버지가 생각을 바꿔야 한다.

③ 아들이 낭비벽이 심해 필요 없는 물건을 많이 구매했을 것이다.

④ 아버지가 바라는 것은 아들이 기숙사에서 전기주전자를 빌리는 과정에서 다른 사람들과 소통하는 경험을 통해 더 많이 성장하고 배우는 것이다.

⑤ 아버지와 아들의 관계가 요즘 안 좋다. 그래서 마트에서 또 충돌한 것이다.

그러나 이러한 답을 내놓은 참가자들은 문제의 원인을 특정한 사람에게서 찾느라 '상황을 보지 못'한 것이다. 사실, 문제의 원인을 사람에게서 찾고자 하면 문제를 해결할 수 없다. 문제를 근본적으로 해결하는 데 필요한 창의적인 해답을 내놓을 수 없기 때문이다. 필자가 여기까지 해설하면 참가자들은 다음 질문을 떠올린다.

"그럼 이 상황을 해결하려면 어떻게(How) 해야 하나요?"

뒤이어 성급한 대답들이 이어진다.

① 아버지가 눈 한 번 꾹 감고 전기주전자를 사준다.

② 기숙사에 전기주전자를 갖춰달라고 아버지가 학교에 요청한다.

③ 아들에게 3일 정도 기다리라고 한다. 그래도 아들이 사고 싶다고 말하면 사준다.

④ 아들에게 전기주전자 가격만큼의 현금을 주고 더 가치 있는 것을 사라고 조언한다.

하지만, 또 이런 식으로 아버지와 아들 중 누가 더 옳은가를 판단하려고 하면 문제를 해결할 수 없다. '설익은 즉각적인 아이디어'도 완전한 해결책이 될 수 없다. 이 문제의 실마리는 아버지와 아들의 대화 내용의 문맥을 파악하고, 상황 등도 종합적으로 분석해야 찾을 수 있다. 즉, 이 문제의 진정한 해결책은 이 상황을 더 깊게 분석해야 발견할 수 있다.

일단, 문제의 본질은 아버지는 물론 이제 한 달 후면 대학 기숙사에 들어가는 아들도 바로 그 기숙사의 모습을 전혀 모른다는 점이다. 아들은 기숙사의 모든 룸에 개인용 주방이 있고, 그래서 자신이 쓸 전기주전자를 따로 가져가야 한다고 생각했다. 반면, 아버지는 당신의 대학 시절 경험을 떠올리며 기숙사에는 전기주전자가 갖춰진 공동 주방이 있다고 생각하고 있다. 결국, 이 문제의 원인은 아버지와 아들이 기숙사 내부를 모른다는, 바로 '정보의 부재'인 것이다.

우리가 고객을 이해하는 과정도 때로는 이 두 질문들에 대한 답을 내놓는 과정과 비슷할 때가 많다. 사실, 많은 개인과 기업이 "고객 중심 경영!"을 외친다. 그리고 고객을 직접 만나보고 설문 조사도 진행한다. 하지만 그런 활동이 정작 기업과 고객들 사이에서 벽을 이루는 문제를 해결하거나, 상황을 더 낫게 만드는 경우는 보기 어렵다.

위와 같은 정보 부재를 해결하기 위해 마트에서는 입구에 주변 대학교 기숙사의 모델하우스를 짓고 기숙사별로 필요한 공용·개인 물품을 바로 확인할 수 있도록 했다. 또한, 바로 옆에 매대를 설치해 개인 물품을 패키지로 판매하고 있었다. 이렇게 하니 가족 간의 다툼도 없고 쇼핑 시간도 짧아져 고객들의 호평도 받고, 경쟁 업체들보다 더 많은 매출도 올릴 수 있게 되었다.

결국, 고객 이해하기의 시작은 고객에게 문제가 있을 때 그에 대한 '적절한 해결책'을 즉시 제공하는 것이 아니다. 그전에 고객 자신과 그 주변을 있는 그대로 이해하고자 노력하는 활동이 가장 먼저 이루어져야 한다. 이렇게 하려면 고객의 마음속 깊은 곳에 무엇이 있는지를 가장 먼저 파악해야 한다. 위에 소개한 사례에서도 핵심은 '기숙사의 모습에 대한 정보가 없는 아버지와 아들의 불안감'을 빨리 파악하는 것이다. 만약 마트의 직원들이 이 아버지와 아들의 속마음을 정확하게 이해해보려고 하지 않고서 자신이 가지고 있는 선입견으로 문제를 정리하거나 해답을 제공하려고 한다면, 이 두 고객들은 그것을 거부하고 집에 가버릴 것이다.

결국 고객을 만나면서 해야 할 첫 번째 작업은 즉각적인 해결 방법을 내놓는 것이 아니다. 고객이 현재 가지고 있는 문제와 관련된 느낌, 경험, 생각을 먼저 깊이 이해해보려고 시도하는 것이다. 이것이 바로 생존과 성장을 위한 디자인씽킹의 첫 걸음이다.

(2) 밀크셰이크를 더 많이 팔려면
무엇을 바꾸어야 할까?

기술과 기업 혁신에 관한 연구로 세계 경영학계의 아인슈타인으로 불리는 경영학자인 클레이튼 크리스텐슨은 저서 《성장과 혁신》에서 이런 사례를 소개했다.

어느 카페 매니저가 밀크셰이크 매출을 올리기로 했다. 매니저는 일단 고객을 나이대와 성별 등에 따라 분류했다. 그 뒤 고객별 선호도에 따라 밀크셰이크의 맛, 가격, 양을 다르게 했다. 하지만 매출에 특이한 변화가 나타나지는 않았다.

그 매니저가 디자인씽킹을 도입해본다면 어떨까? 즉, 디자인씽킹에서 활용하는 '고객 상황 관찰'을 시도하는 것이다. 매니저는 누가 밀크세이크를 사는지, 누구와 함께 사는지, 그 밀크셰이크를 가지고 어디로 가는지 등을 파악했다. 그리하여 특이점 몇 개를 발견했다. 고객들 중 절반 이상이 '아침 일찍' 그리고 '혼자서' 밀크셰이크를 사 가지고 '나가더라는' 것이었다. 그들의 목적지는 자신의 자동차였다. 매니저가 그들을 대상으로 인터뷰를 해봤더니, 그 고객들은 직장까지 자동차를 운전할 때 지루함을 달래려고 밀크셰이크를 마시고 있었다.

그 카페의 고객들이 진정 원하던 것은 밀크셰이크의 맛, 색깔, 가격이 아니었다. 출근 시간의 허전함과 지루함을 달래줄 동반자였던 것이다. 이렇게 고객의 니즈를 파악한 매니저의 매출 증대 계획은 완전히 다를 것이다. 그 사례는 다음과 같다.

① 어떻게 하면 바쁜 출근 시간에 더 빨리 구매할 수 있도록 도와줄 수 있을까?

　→ 차에서 내릴 필요가 없게 해준다.

② 어떻게 하면 출근하는 자동차 안에서 지루함을 덜면서 일상의 작은 즐거움을 느끼도록 도와줄 수 있을까?

　→ 과일 조각이나 젤리 등 씹는 재미를 주는 것을 밀크셰이크에 넣는다.

③ 어떻게 하면 운전을 할 때 불편하지 않도록 하면서 밀크셰이크를 먹을 수 있도록 도와줄 수 있을까?

　→ 밀크셰이크 컵이나 빨대를 개량한다.

④ 어떻게 하면 직장에 도착할 때까지 먹을 수 있도록 조절할 수 있

게 해줄까?

→ 운전하는 시간에 맞춰 양을 '스몰small', '미디엄medium', '라지

large' 등으로 달리해 주문할 수 있게 해준다.

결국, 밀크셰이크 매출의 성장세는 매니저의 상상력으로 달성된 것이 아니다. 고객들의 제품 소비 방식을 매니저가 고객들의 시선에서 직접 확인했을 때 찾을 수 있었다. 이렇듯 분석의 핵심은 고객 자체가 아니라 고객이 경험하고 생활하는 환경이었던 것이다.

디자인씽킹은 고객의 행동에 대한 사전적 가설에 관한 것이 아니다. 고객의 느낌, 경험, 생각 등을 있는 그대로 이해하려는 데에서 시작한다. 그리고 이를 위해 고객의 생활 환경으로 들어가 문제의 핵심을 파악하는 것이다.

3. 더블다이아몬드, 창의적인 생각의 도구

(1) 성공하는 기업가의 필수 조건
　- 균형잡힌 2개의 눈

　의학박사 최현석 교수는 저서 《인간의 모든 감각》에서 이런 이야기를 했다.

　동물의 먹이사슬상의 위치는 그 눈을 보면 알 수 있다. 토끼나 사슴 같은 초식동물은 두 눈이 머리 양옆에 있다. 넓게 볼 수 있기에 바로 뒤를 제외한 거의 모든 방향에서 다가오는 육식동물을 빨리 발견할 수 있다고 한다. 반대로 사자, 호랑이, 올배미 같은 육식동물은 두 눈이 머리 앞쪽에 있다. 자신이 잡을 수 있을 듯한 목표물을 정확하게 집어낼 수 있으며, 또한 그 목표물과의 거리도 정확하게 판단할 수 있다. 〈아바타〉나 〈어벤저스〉 같은 3D영화의 원리도 이와 유사하다. 같은 스크린에 두 대의 프로젝터로 다른 각도에서 각각 영화를 주사하는 식이다. 최현석 교수가 언급한 동물의 눈 구조에서 보듯이, 입체감을 주려면 반드시 두 대의 프로젝터가 필요하다.

위 내용을 디자인씽킹에 대입해보자. 디자인씽킹은 '고객을 보는 눈'과 '사업을 보는 눈'을 균형 있게 갖출 것을 요구한다. 우리가 카메라로 사진을 촬영할 때 먼저 내가 촬영할 대상을 프레임에 담는다. 그 다음에는 대상을 선명하게 촬영하고자 초점을 맞춘다. 이렇게 두 가지가 조화를 이루며 진행되면 원하는 사진을 얻을 수 있다. 이를 비즈니스 활동에 대입해보자. '촬영할 대상을 프레임에 넣는 것'은 경영 목표나 경영 전략을 세우는 것에 해당된다. '촬영할 대상에 초점을 맞추는 것'은 목표로 하는 고객의 니즈를 제대로 파악하고, 문제의 핵심을 정의하는 활동에 해당된다.

기존의 경영대학원 등에서 주로 가르치는 것은 목표 수립·달성, 경영 분석 같은 활동이다. 반면에 고객의 경험과 생각·느낌을 이해함으로써 니즈를 찾는 활동은 상대적으로 덜 가르치는 편이다. 결과적으로 한쪽 눈은 비정상적으로 크고, 다른 한쪽 눈은 아주 작은 것이다. 디자인씽킹은 이렇게 된 우리의 두 눈을 교정해 균형을 잡아주어 사업과 고객을 올바르게 볼 수 있도록 도와준다.

(2) 계량화된 정보에 지나치게 의존한 결과
- 두 눈의 비정상적 진화

현대의 거의 모든 경영 활동과 관련된 의사소통은 숫자로 표시되는 보고서 등으로 이루어진다. 매출, 이익, 점유율, 성장율 등을 기록한 리포트가 대표적인 사례다.

또한 많은 기업들은 '현장 경영'을 주창한다. 그에 따라 경영자를 비롯해 많은 직원들이 고객 접점을 방문하거나, 고객의 이야기를 들으려고 나간다. 그리고는 사무실로 돌아와서 고객들의 이야기를 계량화한 정보들을 활용하여 주요 의사 결정을 한다. 이렇게 하면 형식은 있겠지만, 내용은 없다. 두 눈이 멀쩡해 보이지만, 정작 '고객을 보는 눈'은 제대로 작동하지 않는 것이다. 이를 해결할 방법은 없을까? 해답이 데브 팻나이크의 《와이어드》에서 보였다. 런던의 지하철 노선도에 관한 이야기였다.

영국 런던의 지하철 회사에서 일했던 29세의 해리 벡은 새로운 지도를 만들었다. 바로 런던 지하철 노선도이다. 지나칠 정도로 단순화된 런던 지하철 노선도는 수평선과 수직선 그리고 45도 사선을 이용해 모든 런던 지하철 노선을 그려 넣었다.

_데브 팻나이크, 《와이어드》, 이상, PP 37-40

　수도권 지하철에 부착된 노선도의 원리도 해리 벡의 것을 따랐다. 이렇듯 해리 벡의 지도는 전 세계 사람들이 가장 많이 사용하는 지도가 되었다. 하지만, 이 지도는 '지도'라고 하기에는 문제가 많다. 수많은 노선들을 단순화시키다 보니 역들 사이의 거리 비례를 맞추는 것이 불가능했다. 지하철 노선의 휘어짐이나 역들 간의 거리가 과장되거나 축소되었기 때문이다. 그래서 지하철 이용객들은 실제 거리가 얼마나 되는지, 그에 따라 목적지까지 가는 데 시간이 얼마나 걸리는지 계산할 수 없다. 예를 들어, 수도권 지하철 노선도를 보면, 분당선 강남구청역과 선정릉역의 거리가 7호선 강남구청역과 고속터미널역의 거리와 거의 비슷하게 표시되어 있다. 하지만, 실제로는 분당선의 두 역간 거리는 770미터인데 비해, 7호선의 두 역간 거리는 무려 3,800미터에 이른다. 위 예에서 보듯이, 지하철 노선도는 지하철을 탈 때 한 역에서 다른 역으로 이동하는 것을 돕기 위한 정보만 제공한다. 물론 지하철만 이용할 때는 이 지도가 가장 유용하다. 하지만, 도시를 여행하거나 약속 시간을 잡을 때에는 이 지도는 무용지물이다.

　경영에서 계량화된 통계 수치들은 지하철 노선도처럼 그에 맞는 정보만 제공한다. 그래서 이 통계 수치만으로는 우리 회사 제품·서비스와 관련하여 고객들이 정말로 바라는 것이 무엇인지, 어떤 경험을 하고 있는지 파악할 수 없다. 시장 점유율이 일시적으로나마 높았던 이유가 정말로 만족스러운 경험을 제공해서였는지, 일시적으로 경쟁 상품·서비스가 없었기 때문인지 등을 파악할 수 없는 것이다.

(3) 더블다이아몬드

- 새로운 균형을 발견하는 도구

디자인씽킹을 서비스 산업에 적용하기 위한 방법인 '서비스디자인 방법론'에서는 더블다이아몬드Double-Diamond를 강조한다. 디자인씽킹 적용 방법을 '확산과 수렴의 과정'으로 설명하면서 그린 모양이 마치 2개의 다이아몬드 같아서 붙여진 이름이다.

첫 번째 다이아몬드는 고객의 이야기를 듣고, 이를 분석함으로써 핵심 문제를 정의하는 과정이다. 두 번째 다이아몬드는 정의된 문제를 해결하기 위한 다양한 아이디어를 생각해내고, 조직에서 설정한 기준에 부합하는 최선의 해결 방안을 선택하는 과정이다.

앞서 디자인씽킹을 7단계로 설명했던 것을 떠올려보라. 이 7단계는 크게 '문제 설정'과 '문제 해결'로 요약할 수 있다. 이것이 바로 모든 문제에 대한 가장 합리적인 접근법이다. 문제 설정은 "무엇을, 왜 만들 것인가?"에 대한 과제 정의고, 문제 해결은 "그러면 그것을 어떻게 만들 것인가?"를 물어보는 것이다. 지금까지 우리는 과제 정의 이전에 성과를 이끌어내기 위한 해결 방법에만 집중했다. 하지만, 제대로 정의되지 않은 과제를 아무리 열심히 해결해도 그 효과는 미미하다. 경쟁력 같은 것은 당연히 안 생긴다.

산업혁명 이후 공급이 늘 수요를 따라가지 못했던 시기까지는 주어진 문제를 효과적으로 해결하는 것이 주된 과제였다. 이 당시에는 창의성의 주요 목적과 측정 지표도 주어진 문제를 다른 사람들이 생각하지 못했던 방법으로 해결하는 능력을 확인하는 것이었다. 하지만, 점차 문제를 해결하는 역할보다 문제를 설정하는 역할이 더욱 강조되고 있다. 즉, 아무도 가보지 않은 길을, 또는 아무도 문제라고 생각하지 않았던 것을 누군가가 새로운 시각과 프레임으로 정의해야 한다는 데 의견이 모이는 것이다. 그렇게 되면, 기존에 없던 새로운 산업이 만들어질 것이다. 그에 따른 경쟁력 있는 제품·서비스도 무수히 등장할 것이다.

정리하자면, 지금까지는 시험 출제 위원과 시험 문제가 정해져있었고, 그래서 누구도 이에 대해 고민할 필요가 없었다. 하지만, 이제부터는 각자가 스스로 시험 문제를 출제하고 이를 해결하려고 노력해야 한다. 왜냐하면, 문제를 스스로 설정할 수 있는 조직과 사람에게만 새로운 기회가 열릴 것이기 때문이다. 이렇게 되면 다른 조직이나 사람이 설정한 문제를 풀려는 사람과 조직은 경쟁에서 언제나 뒤쳐질 수밖에 없다. 그러니 이제는 문제 해결 능력보다 문제 설정 능력을 키워야 한다. 문제를 잘못 설정함으로써 생기는 결과는 문제 해결 방법을 잘못 선택하는 것보다 훨씬 더 큰 해악을 가져오기 때문이다.

4. 문제 해결보다 문제 정의가 먼저다

― 솔루션 사고가 아닌 니즈 사고

사무실 안, 선반 위에는 여러 권의 바인더들이 꽂혀있다. 책상에는 노트북 컴퓨터와 큼지막한 노트가 있고, 그 옆에도 바인더가 있다. 여직원이 일을 하다 말고 문득 뭔가 생각난듯 일어선다. 그녀는 오른팔을 선반 위로 뻗는다. 뒷꿈치까지 높이 쳐든 것을 보니 그 뭔가가 당장 필요한 것 같다.

이 상황을 보는 우리는 다음과 같은 2개의 전혀 다른 접근법을 활용할 수 있다.

첫째는 솔루션Solution 사고 접근법이다. 다음과 같이 스스로에게 이야기하는 것이다.

‘저 여직원에게 무엇을 해주면 될까?’

이렇게 질문을 하는 순간 다양한 해결 방법이 머릿속에 떠오른다.

‘음, 사다리를 갖다주자.’

‘키 큰 동료에게 도와달라고 해야겠구먼.’

‘밟고 올라서게 안정감 있는 받침대나 의자가 필요하겠군.’

‘펄쩍 뛰라고 할까? 조금만 더 손을 뻗으면 선반 위 물건에 닿겠네.’

둘째는 니즈Needs 사고 접근법이다. 다음과 같이 스스로에게 이야기하는 것이다.

‘저 여직원은 뭐가 필요하길래 저럴까?’

이렇게 질문하자마자 그녀가 추구하려는 목표와 가치가 무엇인지를 생각하게 된다.

‘선반위에 있는 물건을 꺼내려는 건가? 아, 저 위에 있는 바인더의 서류를 보려는 거구면.’

이렇게 그녀가 하려는 것을 정의하고 그에 맞는 아이디어를 찾는다.

‘바인더의 서류를 데이터베이스(DB)화해서 컴퓨터로 볼 수 있게 하면 어떨까?’

이 두 가지 접근법의 차이는 무엇인가?

솔루션 사고 접근법을 사용하면 현재 내가 알고 있거나 경험해본 사실에서만 아이디어를 구할 수 있다.

니즈 사고 접근법을 사용하면 더 적은 비용과 시간으로 나중에 있을 비슷한 문제를 해결하는 데 도움이 될 다양한 문제 해결 방법을 구할 수 있다.

좀 더 상세한 이야기는 '7. 디자인씽킹 문제 해결의 5가지 특징'에서 다루겠다.

디자인씽킹은 이렇듯 사람들의 경험세계에 직접 들어가서 사람의 행동과 맥락에 대한 이해를 통해 인사이트*를 구함으로써 핵심 문제를 정의하고, 컨셉** 탐구와 프로토타이핑***을 통해 정의된 문제를 해결하기 위한 최적의 대안을 찾는 창의적 단계를 거치는 활동이다.

---

* Insight, 직역하면 '통찰'이다. 당면한 문제나 현상에 대한 해결의 실마리를 찾을 수 있는 새로운 관점이나 능력이다.

** Concept, 가치 있는 결과를 만드는 구상이나 사고방식이다.

*** Prototyping, 상용화한 뒤 양산하기 전에 실험적으로 만들어보는 제품·서비스다.

5. 핵심과 본질을 파악하라

(1) 모든 행동에는 동기(이유와 계기)가 있다

필자는 종종 해외 축구 하이라이트를 보곤 한다. 프리메라리가, 프리미어리그, 분데스리가 등 여러 경기에서 골을 넣는 장면을 보노라면 감탄이 절로 나온다. 프로 축구 경기 한 회에서 선수들은 보통 10~12킬로미터 정도, 많게는 13킬로미터 이상을 뛴다고 한다. 거리로 따지면 지하철 2호선 신촌역에서 고려대학교가 있는 안암역까지 달리는 셈이다. 결국 매 경기 90분 동안 전력 질주를 한다는 뜻이다.

그럼 무엇이 축구 선수들을 그토록 달리게 만들까? 그 '무엇'이 바로 동기動機다. 그럼 축구 선수들을 뛰게 하는 동기는 무엇일까?

첫 번째 동기는 공이다. 선수들은 많게는 13킬로미터 이상을 공을 쫓아 다니면서 달리는 것이다. 축구 선수 생활을 처음 시작했을 때부터 그들은 공에서 한시도 눈을 떼지 못한다. 경기가 없을 때에도 공 하나만 있으면 적어도 1킬로미터 이상을 너뜬히 달릴 수 있다고 한다.

두 번째 동기는 함께 경기하는 동료들과 주고 받는 패스다. 축구는 단체 운동이므로 반드시 동료들이 함께 한다. 동료가 나에게 패스를 해주는 이유는 내가 그 공을 잘 관리하면서 전진해 동료가 더 좋은 위치에 있을 때 돌려줄 것이라 믿기 때문이다. 선수는 그러한 동료들의 기대를 경기 내내 절대로 무시할 수 없다. 만약 이러한 기대를 충족시키지 못하는 행동이 수 차례 이어진다면 그 선수는 더 이상 경기에 나갈 수 없다.

세 번째 동기는 그 선수를 지켜보는 관중, 감독, 구단의 인정이다. 그 선수에게 연봉을 지급하는 사람, 그 선수를 응원하는 사람, 그리고 그 선수를 믿고 다른 사람보다 우선해 경기에 출전시켜준 사람들을 절대로 실망시키고 싶지 않기 때문이다.

네 번째이자 가장 중요한 동기는 다른 팀 선수들을 이기는 것이다.

이러한 동기가 없다면 축구 선수도 직업을 바꿀 것이다.

(2) 고객의 말과 행동의 배경에 있는
동기(니즈)를 파악하라

심리학에 동인動因이라는 말이 있다. '동기'와 거의 같은 뜻으로 사용된다. 하지만 동인이 기계론적인 데 비해, 동기는 목적론적이다.

동기는 무엇을 달성하기 위해 사람이 움직이고 행동하는 이유와 계기를 의미한다. 사실, 개개인의 말과 태도는 물론, 물건을 구매하거나 서비스를 이용하는 등 사람의 모든 행동의 배경에는 동기가 존재한다. 그러한 동기 중에는 앞서 소개한 축구 선수의 욕구 같은 것도 있고, 그 욕구가 밖으로 표출되게 하는 내부적·외부적 계기도 있다. 이를 잘 파악할 수 있다면 그 사람을 만족시키거나 감동을 줄 수 있다. 위대한 군주나 장군으로 역사에 남은 인물들은 대중이나 병사들, 심지어 적들의 행동의 동기를 잘 파악했기에 성공했다. 반면에 마리 앙투아네트 왕비는 프랑스 백성들이 봉기한 동기를 모른 채, "빵이 없으면 과자를 먹으면 되는 거 아닌가요?"라고 했다가 자신은 물론 남편인 루이 16세까지 목숨을 잃게 만들었다.

안타깝게도 마리 앙투아네트 왕비처럼 대다수 사람들은 '고객'이나 '동료' 같은 상대방의 동기마저 파악하지 못한다. 앞서 사례로 든 마트 앞 아버지와 아들처럼 상대방의 말과 행동에 주의하면서 이해해보려는 노력을 체계적으로 하지 않았기 때문이다. 그러나 사람은 자신이 하는 말, 행동, 그리고 행동의 결과 등을 통해 다른 사람들에게 자신의 동기에 대한 힌트를 끊임 없이 주고 있다. 그러니 이를 잘 분석하면 마트 앞 아버지와 아들 같은 사람들의 기본적인 욕구와 그것을 분출하게 된 계기, 그리고 그러한 욕구를 충족시키기 위한 활동을 방해하는 다양한 내·외적 제약 요인들까지 파악할 수 있다. 이러한 것들을 종합적으로 분석하는 활동이 바로 '니즈Needs 파악'이다.

니즈를 파악할 때 주의해야 할 점도 있다. 말이나 행동으로 표현되는 니즈는 빙산의 일각이나 다름없다는 사실이다. 사람들은 대개 자신의 니즈를 구체적인 말이나 행동으로 표현하지 못한다. 심지어 자신의 니즈가 무엇인지조차 모르는 사람도 있다. 그러니 수면 아래에 잠겨있는 빙산 본체를, 드러나지 않은 생각, 감정, 느낌 등을 함께 파악해야 숨겨진 니즈를 제내로 발견할 수 있다.

(3) 행동의 패턴을 찾아라

디자인씽킹을 통해 사람들의 말과 행동, 생각과 느낌에 숨겨진 니즈를 찾아낼 수 있다. 그러한 활동의 중요한 기반이 되는 활동이 바로 행동을 유형화하거나 분류(Typology)하는 활동이다. 이렇게 하는 이유는, 이 세상의 모든 일들은 무질서하게 벌어지는 것처럼 보이지만, 실은 반복 가능한 패턴을 이루기 때문이다.

물론, 사람들의 행동에서 니즈를 찾는 활동의 궁극적 목표는, 새로운 인사이트를 발견해 세상을 다른 방식으로 보는 것이다. 또한, 이를 통해 새로운 사업 기회를 포착하는 것이다. 그래서 필자는 디자인씽킹의 기본적인 모델과 접근법을 활용한다면 보다 더 신뢰할 수 있는 방법으로 목표를 달성할 수 있다고 본다.

이를 잘하려면 우리 주변 또는 우리의 고객들에게 일어나는 일들을 주의 깊게 관찰해야 한다. 그러한 관찰을 할 때 우리의 과제는 "과연 우리가 듣고, 보고, 느끼는 것에서 의미 있는 패턴을 제대로 구할 수 있는가?"이다.

행동의 패턴을 찾는 활동은 일단 '분류'로 이루워진다. 듣고, 보고, 느낀 뒤 각 사물들을 유사성·차별성에 따라 각각 다른 곳에 두어야 한다. 이러한 패턴을 찾는 활동을 위한 분류의 과정도 연역적 방식*보다 귀납적 방식**을 따른다.

---

* 이미 확인된 사실이나 증명된 명제들을 이용해 적절한 추론 규칙으로 다른 명제, 즉 또 다른 사실을 이끌어내는 과정이다.
** 개별적인 특수한 사실이나 현상에서 사례들이 포함된 일반적인 결론을 이끌어내는 추리 방법이다.

6. 모든 과정에 고객을 참여시켜라

－3년간 할머니로 산 20대 여성

1979년, 당시 26세였던 패트리샤 무어는 실로 엄청난 실험을 하기로 결심했다. 노인들의 삶을 직접 체험해보기로 결심한 것이다. 80세 이상 노인으로 완벽하게 변장한 그녀는, 1982년까지 3년간 미국 14개 주의 116개 도시와 캐나다의 2개 지역에 머물면서 노인들이 어떻게 삶을 살아가는지 직접 체험했다.

무어는 왜 이렇게 험난한 여정을 택했을까? 이 당시에 미국 등 선진국에서는 노인 인구가 날로 늘어나고 있었다. 하지만 그들이 사용하는 제품, 서비스, 거주지를 디자인하는 사람은 젊은 디자이너들이었다. 무어는 자신이 직접 노인이 되어야 노인들의 니즈를 파악할 수 있음을 깨달았다.

디자인 회사의 평범한 신입 직원이던 무어의 이러한 행동은 그 힘든 여정과 시간에 비해 훨씬 더 큰 보상을 받았다. 노인의 삶을 디자이너의 시선으로 직접 경험하고 체험한 그녀는, 노인에 대한 전문적인 이해와 인사이트를 갖췄다. 그런 그녀를 필요로 하는 곳은 너무도 많았다. 무어는 숫제 실험을 진행하던 도중인 1980년에 자신의 이름을 딴 '무어 앤 어소시에이츠Moore&Associates'라는 디자인 회사를 창업했다. 무어 앤 어소시에이츠는 노인들을 위한 커뮤니케이션 디자인, 리서치, 제품 디자인, 환경 디자인, 포장 디자인, 교통·운송 디자인 등에 특화된 사업을 진행해 큰 명성을 얻었다. 무어 앤 어소시에이츠의 기업 고객에 보잉, 시티은행, 제너럴 일렉트릭, 허먼밀러, 악소 등 세계 유수의 회사들이 포함되기에 이르렀다. 이후 무어는 카네기 멜론 대학, 애리조나 주립대학 등에서 학생을 가르치는 일에도 참여하였다.

필자가 한국디자인진흥원의 윤성원 팀장에게서 들은 바로는, 무어는 지금도 국제적으로 명성이 높은 노인학자이자 디자이너로 활동하고 있다고 한다. 그녀의 수 업무는 소비자의 행동과 요구에 대한 연구다. 2000년에는 미국 뉴스 편집자 단체 협회에 의해 '미국에서 가장 중요한 여성 100명' 중 1명에 선정되기도 했다. 또한 ABC 월드 뉴스도 무어를 '새로운 시대를 정의할 50명의 미국인' 중 1명으로 크게 보도했다.

패트리샤 무어 교수가 보여준 것처럼 고객들을 이해하고, 고객의 문제를 제대로 파악하려면 고객들의 삶 속으로 직접 들어가야 한다.

고객들이 생각하고 꿈꾸고 느끼는 것을 함께 생각하고 꿈꾸고 느껴야만 한다. 그래야 고객들의 문제를 이해하고, 그들의 생각에 공감할 수 있으며, 고객들을 감동시킬 대책을 만들어낼 수 있다.

고객들의 문제를 이해하기 위한 단계는 물론, 인사이트 도출과 최종 아이디어를 검증하는 과정에도 고객들을 참여시켜야 한다. 특히 핫샵Hotshop 과정이 그러하다. 핫샵은 기업의 아이디어를 프로토타이핑한 뒤 고객들이 그것을 얼마나 받아들이는지를 테스트하는 과정이다. 이 과정은 기업이 상품·서비스로 전달하고자 하는 가치를 고객들이 제대로 인지할 수 있는지 파악하고, 그들로부터 의견을 들은 뒤 기업의 아이디어를 보완해 최종 컨셉으로 정교화하는 작업이다. 그러니 고객들의 참여가 필수적일 수밖에 없다.

7. 디자인씽킹 문제 해결의 5가지 특징

– 디자인씽킹은 다른 문제 해결 접근법과 어떻게 다른가?

필자는 디자인씽킹이 다른 문제 해결 접근법들과 어떻게 다른지, 그리고 보다 더 효과적인지 보여주는 특징 5가지를 정리했다.

이로써 디자인씽킹이 개인은 물론 기업, 스타트업startup(신생 벤처기업), 고객센터, 공공기관 및 사회의 다양한 문제를 해결하는 데 유용한 접근법임을 확인할 수 있을 것이다. 물론 디자인씽킹의 필요성과 실제 적용 사례는 다음 장들에서 보다 더 상세하게 살펴볼 것이다.

(1) 수요자 니즈에서 출발한다
- Human-centered/Needs based

모든 아이디어와 비즈니스는 주어진 상황에서 어떤 문제를 해결하면서 시작된다. 그 해결을 위한 접근법으로는 앞서 소개했던 솔루션 사고 접근법과 니즈 사고 접근법을 들 수 있다.

솔루션 사고 접근법은 문제를 해결하기 위해 가능한 모든 대안을 먼저 구한 뒤, 비교·검토해 최적의 대안을 찾는 방법이다. 이것은 단기적이나마 참여자들의 집중을 이끌어낼 수 있기에 매우 효율적이다.

니즈 사고 접근법은 해결해야 하는 문제에 직면하면 그 문제를 일으킨 상황부터 파악하는 방법이다. 그리고 왜 그런 문제가 일어났는지, 누가 그 문제를 일으켰는지, 그 문제가 궁극적으로 달성하려는 목적은 무엇인지 등을 파악한다.

이러한 접근법을 활용하면 문제의 원인이 된 핵심 요인을 고객 관점에서 새롭게 파악할 수 있다. 그렇게 파악된 핵심 요인을 고객 입장에서 정리한 것이 니즈다. 이렇게 정리된 니즈를 기준점으로 둔 뒤, 문제 해결을 위한 다양한 아이디어를 구하고 최적의 대안을 결정한다. 즉, 디자인씽킹은 고객이 직면한 상황을 심층적으로 파악함으로써 핵심 요인을 정의하는 활동이다. 이런 면에서 최적의 대안을 먼저 찾는 기존의 방법과는 다르다.

(2) 해답을 찾아가는 과정이다

– Discovery driven/ambiguous but effective

"능력 있는 리더는 무엇을 만들어야 하는지를 명확하고 빠르게 제시할 수 있어야 한다"는 주장을 들었다. 과연 그럴까? 그렇다면 리더는 어떻게 그런 것을 알 수 있는가?

지금까지 우리가 경험한 경쟁에서는 무엇을 해야 하는지가 명확했다. 누가 우리의 경쟁자인지, 무엇을 만들어야 하는지, 심지어 어떻게 만들어야 하는지까지도 명확했다. 마치 캠핑장에서 텐트 조립 시합이라도 하듯이, 빠른 실행력만 있으면 만사 오케이였다.

그런데 어느 순간부터 경쟁 상황이 변했다. 더 이상 누군가를 따라 하기보다, 기존에 존재하지 않던 것을 창의적 사고로 만들어내야 하게 되었다. 물론 그런 것을 만들어내라는 사람조차 무엇(What)을 어떻게(How) 만들어야 하는지 알려주지 않는다. 아니, 못하는 것이다. 왜냐하면 아무도 그런 길을 가보지 않았기 때문이다. 프로젝트를 시작할 때 무엇을 어떻게 만들지 머릿속에 그리는 순간 우리는 이미 '과거와 현재의 삶'이라는 감옥에 갇히게 된다. 즉, 창의적 사고를 활용해 기존에 없던 것을 만들려는 사람들은 모호한 것에 대한 두려움부터 극복해야 한다.

'명확한 것'은 우리를 편하게 한다. 하지만 그 결과물이라는 것은 과거에 누군가가 이미 만들었던 것을 모방하는 수준에 머문다. 결국, '무엇을 만들어야 하는가'가 명확할 경우 과정이 효율적이지만 결과는 효과적이지 않다.

'모호하고 불명확한 것'은 우리를 불편하게 한다. 하지만 그 결과물은 이제까지 아무도 상상조차 해본 적이 없는 새로운 것이다. 이 결과물은 누구도 보지 못한 새로운 시장을 선점할 수 있는 기회까지 제공한다. 결국, "무엇을 만들어야 하는가?"가 처음에는 모호하고 불명확할 경우 이것의 실마리를 찾아 연결하는 과정은 효율적일 수 없다. 하지만 그 결과는 대단히 효과적이다.

그렇다면 우리가 무엇을 선택해야 할지는 분명하지 않는가!

(3) 작게 반복한다
– Iterative Process/fail early

인사이트와 이노베이션 전문가인 톰 우젝은 TED(www.ted.com)에서 '마시멜로 챌린지Marshmallow challenge'라는 디자인 워크숍에 대해 이야기했다.

마시멜로 챌린지란 4명이 1개 팀을 이루고서 20개의 스파게티 국수가락, 1미터짜리 테이프, 그리고 1미터짜리 줄을 이용해 제한된 시간 안에 구조물을 만들고, 그 위에 마시멜로를 놓는 것이다. 물론 가장 높은 구조물을 만드는 팀이 이긴다.

전 세계의 다양한 그룹들이 이 활동에 참여했던 바, 그 결과가 매우 흥미롭다. 가장 낮은 구조물을 만든 그룹은 놀랍게도 MBA 졸업생들이었다. 반대로 가장 높은 구조물을 만든 그룹은 유치원생들이었다. MBA 졸업생들이 만든 구조물의 높이는 평균 25센티미터였지만, 유치원생들이 만든 구조물의 높이는 평균 70센티미터나 되었다. 그 차이는 바로 두 그룹의 행동적 특성에서 찾을 수 있다.

MBA 졸업생들은 전략적 사고에 따라 완벽한 계획을 수립·실행했다. 하지만 마시멜로를 구조물의 꼭대기에 놓았을 때는 불행하게도 구조물이 마시멜로의 무게를 지탱하지 못하고 무너졌다.

유치원생들의 접근법은 달랐다. 완벽한 계획을 수립하는 대신, 처음부터 다양한 방법으로 구조물 쌓기를 반복했던 것이다. 한 번 쌓았던 것이 무너지면 다시 쌓기를 반복해 마침내 가장 흥미롭고도 높은 구조물을 만들 수 있었다. 즉, 유치원생들은 흥미로운 시제품 만들기를 계속 반복함으로써 최적의 결과를 얻을 수 있었던 것이다.

새로운 제품·서비스를 만드는 과정도 이와 매우 흡사하다. MBA 졸업생들이 그러했듯이 시행착오를 줄이려고 계획을 짜는 데 많은 시간을 들인다. 하지만 완벽한 제품·서비스를 시장에 내놓기 위해 들이는 노력이 오히려 더 큰 시행착오와 비용을 들이게 만든다. 마치 25센티미터밖에 안 되는 스파게티 구조물처럼 말이다.

그러나, 핵심 기능만을 갖추도록 작고 가볍게 만들어 시장에 내놓으면 어떨까? 그 뒤 사용자들의 다양한 반응을 들은 다음 개선하는 것이다. 이렇게 하면 초기 투자 비용을 줄이면서 성공 가능성을 높일 수 있다. 이것은 SyncDev 사의 CEO인 프랭크 로빈슨이 스타트업들의 성공 사례가 많은 미국 실리콘 밸리를 연구하여 소개한 최소존속제품(MVP, minimum viable product)이라는 개념과도 일치한다. 즉, 제품을 작게 만들기보다 최소한의 자원을 투입해 핵심 기능만 우선 구현한 후, 시장의 반응을 보고서 개선 사항을 탐구한다는 것이다.

결국, 디자인씽킹은 완벽한 해결법을 찾으려는 활동이 아닌 것이다. 그 대신, 전체 과정을 빠른 시간 내에 실현시킨 뒤, 필요하다면 언제든지 전 단계로 돌아가 다시 반복함으로써 최적의 결과에 접근하는 과정인 것이다.

(4) 다른 분야 전문가들과 함께한다
– Multi-disciplinary/Co-creation

필자는 디자인씽킹 워크숍을 진행한 후 참가자들의 의견을 듣는 시간을 자주 갖는다. 필자가 이 과정에서 확인한 '참가자들이 가장 만족했던 점'들 중 하나는, 각 팀에 참여한 다양한 사람들의 목소리를 들을 수 있었다는 것이다.

참가자들은 이로써 기존에 자신이 가지고 있던 '완벽할 것 같은 아이디어'를 다른 사람들의 다양한 경험과 비교한 결과, 생각해보지 못했던 새로운 모습으로 재창조되는 것을 목격했다.

이렇듯 다른 분야의 전문가들과 함께 일한다는 것은 '협력적 재창조(Co-creation)'의 과정이다. 이것은 단순히 각자의 장점이나 차이점을 유지한 채 공동의 목표를 달성하는 '협조'의 개념과는 다르다. 오히려 서로의 차이점을 인지하면서 조화를 이루는 '협력'에 더 가깝다. 즉, 참여한 사람들 각자가 가지고 있는 경험과 지식을 공유하고, 이를 함께 녹이고 융합시켜 새로운 것으로 만들어가는 과정이 진정한 '디자인 씽킹 철학'이다.

(5) 수요자의 경험 전부를 만든다

– Holistic approach/whole experience & story

새롭고 혁신적인 제품·서비스를 경험하는 고객은 작지만 완결된 경험을 할 수 있을 때 만족한다. 예를 들면, 아무리 좋은 에스프레소 커피 머신을 제공해도 직접 커피 맛을 경험할 수 있는 캡슐까지 함께 받아야 고객은 그 가치를 깨달을 수 있다.

즉, 제공하는 제품·서비스가 아무리 작더라도 이러한 '전체적인 키 프로세스(Holistic Key Process)'를 완벽하게 구성해놓은 뒤 제공하지 않으면 고객을 만족시킬 수 없다. 다른 말로 하면, 우리가 새로운 제품·서비스를 만들 때에는 사용자가 마주칠 경험 모두를 고려해야 한다는 것이다. 그렇지 않고 어느 한 부분만 개선한다면 고객은 더 이상 거들 떠보지도 않을 것이다.

고객의 경험 전체를 설계하려면 일단 그것 자체를 탐구해야 한다. 고객이 처한 상황, 서비스 개시, 이를 통해 고객이 충족시키고자 하는 욕구, 이를 방해하는 장애 요인, 서비스의 최종 종착지 등 경험 전부를 직접 확인해야 한다. 이러한 경험 전부를 탐구하는 데 효과적인 방법이 '고객 스토리 엮기'인 것이다.

 찍을 것인가? 아니면 풀어나갈 것인가?

_박지환, (주)씽크포비엘 대표이사

1. 디자인씽킹을 쉽게 지나치는 사람들에게 해주는 경고

대체적으로 '디자인씽킹'이나 '서비스디자인' 등 '디자인'이라는 용어는 '그림 그리기(Drawing)'로 잘못 이해되곤 합니다. 그래서 디자인씽킹에 대한 주변의 권유를 쉽게 지나쳐서 더 빨리 접할 수 있는 기회를 놓쳐버리곤 하더군요.

'디자인'의 본질적 의미는 '설계'라고 봅니다. 굳이, 수식어를 붙이자면 '과학적이고 기술적인 설계 접근법'이지요. 만약 누군가가 당신에게 2차 방정식을 풀어보라 한다면 그냥 '찍기'를 하시겠습니까? 아니면, 근의 공식인 '$b^2 - 4ac > 0$'을 이용하시겠습니까? 굳이 제게 답을 해주시지 않아도 됩니다.

헌데 이거 하나는 분명합니다. 디자인씽킹은 그 이상이라는 것이지요. 마치 큐브를 푸는 공식을 모른 채 이리저리 짜맞춰보면서 답답해 미쳐버릴 것 같다가, 큐브 공식을 포털사이트에서 검색해 알게 된 뒤 단 몇 분만에 맞추는 것과 같은 것이더군요.

저는 디자인씽킹을 알게 된 뒤 과거의 제 기획서라는 것이 얼마나 유치한 리포트였는지를 깨달았습니다. 그래서 디자인씽킹을 이미 알던 사람들과 제 사이에 벌어졌을 경쟁력, 제가 놓쳐버린 기회 등을 생각하면서 두려움과 위기감마저 들더군요. 가슴이 서늘해지고 눈물이 치솟을 정도로요.

그러고 보니 이런 이야기를 본 적이 있습니다. 100년 전이었지요. 독일 제국의 마지막 황제인 빌헬름 2세가 제1차 세계대전에서 패한 뒤 네덜란드에서 망명생활을 할 때였다고 합니다. 어느 날 그가 읽던 책을 내던졌습니다. 깜짝 놀란 시종이 그 책의 제목을 보니 《손자병법》이었다지요. 공손히 책을 주어서 바치는 시종에게 망국의 황제는 눈물을 흘리며 이렇게 말했다고 합니다.

"짐이 만약 이 책을 진작 읽었더라면, 짐은 온 유럽의 지배자가 되었을 텐데!"

2. 디자인씽킹이 주는 가치는 전 직원이 의무적으로 학습해야 한다

저는 한 회사를 운영하는 대표입니다. 그래서 직원들의 기획서와 보고서를 읽어볼 때가 많지요. 그럴 때마다 답답함을 너머 화가 치밀 때가 많습니다. 그래서 저는 우리 회사 전 직원들이 디자인씽킹 교육을 50시간씩 의무적으로 수료하도록 제도화했습니다.

3. 디자인씽킹으로 얻는 가치

우선, 결과에 매우 만족합니다.

저도 그렇지만 대부분의 경영자가 지시할 때는 좋게 말해서 '시적詩的'이지요. 하도 함축된 내용이 많다보니 직원 입장에서는 무척 잘 해석해야 합니다. 왜냐하면 경영자는 본인이 말하는 것이 미션 Mission인지, 목적(Goal)인지, 문제(Problem)인지, 방안(Solution)인지, 원인(Issue)인지를 구별하지 않습니다. 그냥 지시(order)를 내릴 뿐입니다. 그렇기 때문에 그것을 해석하는 것은 업무를 수행하는 사람의 몫이 됩니다. 하지만, 현실적으로 이것을 잘 해내는 직원은 기업마다 10명 중 1~2명 정도일까요? 대부분의 경우 문제의 본질, 그러니까 행간을 읽지 못하고, 귀로 접수한 '말'에만 목을 매고 있더군요.

만약 이러한 문제를 해결하기 위한 접근법을 찾고 계신다면 디자인씽킹에 투자하십시오. 디자인씽킹은 바로 '사람들이 겪는 큐브와 같은 복잡한 마음의 어려움을 해결하는 과학적이고 논리적이며 검증된 접근 기술'이기 때문입니다.

제2장

왜 사람들은 디자인씽킹 방법론을 좋아하는가?

8. 디자인씽킹은 과학적으로
문제를 해결하는 기법이다

최근 디자인씽킹이 우리 사회에서도 큰 주목을 받고 있다. 신규 사업을 추진하거나 기존 사업을 혁신하려는 기업이라든가, 새로운 아이디어로 사업을 일으키려는 스타트업 등이 디자인씽킹에 주목하고 있는 것이다. 수요자 중심의 정책을 수립하려는 정부의 중앙 부처와 지방자치단체도 디자인씽킹 관련 기법인 서비스디자인 방법론을 도입하고 있다. 그렇다면 왜 이렇게 많은 사람들이 디자인씽킹에 관심을 가지기 시작했을까? 아니, 좋아하기 시작했을까?

물론 어떤 이들은 디자인씽킹이 다분히 상식적인 내용과 절차로 이루어져있으며, 그래서 기존의 신규 사업 개발 방법론(NBD, New Business Development)과 다를 것이 없다고 지적하기도 한다. 그런데 디자인씽킹과 NBD를 자세히 비교해보면 가장 두드러진 차이점 하나를 발견할 수 있다. 그것은 디자인씽킹이 아이디어를 내놓기 이전에 해당 문제를 정의하는 데 더 많은 시간을 할애하면서 더욱 집중한다는 점이다.

그러니까 디자인씽킹은 문제를 해결하는 것보다 문제를 정의하는 것을 우선한다. 즉, 고객의 관점에서 문제를 정의한다는 것이다.

(1) 디자인씽킹은 과학적 접근법이다

과학적 접근법은 어떤 현상의 원인을 질서 있게 설명해준다. 이러한 설명은 시간적 확대를 통해 일반성을 가지게 되고, 나아가서는 미래에 대한 예측력도 갖추게 되면서 다른 상황에도 적용할 수 있게 된다. 사람들이 기발한 아이디어 그 자체도 좋아하지만, 그것이 현실적으로 가능한 이유를 들으면 더 좋아하는 것은 물론 자신의 내면 깊이 받아들이는 이유이기도 하다.

19세기 초까지만 하더라도 오랫동안 항해를 하는 선원들이나 해군 병사들은 잇몸에서 피가 나는 병인 괴혈병 때문에 큰 고통을 겪었다. 괴혈병의 증상은 권태나 무기력증으로 시작되지만, 3개월 후에는 잇몸과 소화기관으로 번지면서 호흡곤란과 두통까지 일으킨다. 그 단계에서 환자는 사망한다. 11세기 말부터 13세기 말까지 십자군 전쟁에 참여한 기사들과 병사들 중 상당수가 유럽에서 지중해를 거쳐 중동으로 가다가 괴혈병으로 사망했다. 또한 16~19세기까지 무려 200만 명 이상의 선원들이 괴혈병으로 목숨을 잃었으리라 역사학자들은 추측하고 있다. 이에 관한 구체적인 기록으로는 1499년에 인도로 항해하던 바스코 다가마 선장의 선원 170명 가운데 116명이, 1520년대에 세계 일주 항해를 하던 페르디난드 마젤란 선장의 230명 선원 가운데 208명이 괴혈병으로 사망한 사례를 들 수 있다. 18세기 말부터 19세기 초까지의 나폴레옹 전쟁 당시 대서양을 주름잡던 영국 해군도 전사자보다 괴혈병으로 인한 사망자가 더 많았다고 한다.

1734년 어느 여름날, 그린란드 앞바다를 항해하던 영국 배의 선장과 선원들이 괴혈병으로 신음하던 선원들을 외딴 섬에 남겨두는 것이 낫겠다고 결정했다. 그런데 배가 귀국하면서 혹시나 하며 들렀더니 그 선원들이 모두 멀쩡했다. 선장과 의사가 물어보니 이 선원들은 섬에서 자라던 나물을 뜯어먹고 3일만에 괴혈병이 나았다고 했다. 이와 같이 과일이나 신선한 채소를 먹으면 괴혈병이 사라지더라는 이야기는 있었다. 하지만 그런 식료품은 배에 오래 싣고 다닐 수 없었고, 그래서 괴혈병의 원인을 구체적으로 밝혀볼 엄두조차 내보지 못한 채 많은 선원들이 고통을 겪었다. 그나마 선원들의 고통을 보다못한 몇몇 선장들이나 제독들이 절인 양배추나 라임을 싣고 다니거나, 항구에 들를 때마다 양파 등 신선한 채소를 사들이는 경우는 있었다.

괴혈병 치료법을 발견한 사람은 헝가리계 미국 과학자인 알베르트

센트죄르지였다. 바나나를 방치하면 껍질이 갈색으로 변하는 것을 관찰한 센트죄르지는, 식물이 함유하고 있는 폴리페놀이라는 화합물이 산소와 작용해 일종의 딱지인 갈색이나 검은색 물질을 만들어낸다는 것을 밝혀냈다. 그는 이 사실을 기반으로 식물들 중에는 상해도 색의 변화가 일어나지 않는 종류가 있다는 것도 발견했다. 또한 그것은 그 식물 안에 당 같은 화합물인 비타민 C가 있기 때문이며, 그 화합물이 괴혈병을 막아주거나 치료하는 데 효과가 있다는 것도 알아냈다. 센트죄르지는 비타민 C의 발견으로 노벨 생리의학상을 수상했다. 오늘날 몇몇 국가의 군대에서는 야채나 과일을 병사들에게 배급하기 힘들 때 비타민 C 정제를 배급하기도 한다.

오늘날 우리는 "과일이나 채소를 먹었더니 괴혈병이 사라졌다" 같은 현상의 발생에 만족하지 않는다. "그 이유는 과일이나 채소에 들어 있는 비타민 C 때문이었다" 같은 정확한 원인을 알게 된 뒤 그것을 완전한 지식으로 인정한다. 창의적인 아이디어도 그것을 뒷받침하는 이론이 명확하게 규명되어야 받아들여진다. 디자인씽킹에서 적용하는 방법론도 이와 같다. 즉, 사람들의 행동에서 일정한 패턴과 규칙을 찾아낸 뒤, 그것의 정확한 원인을 규명한 다음, 행동을 바람직하게 변화시킬 해결 방안을 마련하는 것이다.

(2) 우리는 과학적 접근법으로
　　생각하도록 훈련을 받았다

　우리가 디자인씽킹 방법론을 좋아하는 이유는 우리의 학습법에서도 발견할 수 있다. 의무 교육을 체계적으로 받은 사람이라면 과학적 사고방식에 익숙하기 마련이다. 이는 우리가 학교에서 "정답은 과학적 사고방식으로 구해야 한다!"고 학습했기 때문이다. 왜냐하면 학교에서 가르치는 모든 내용들은 '과일과 야채 속의 비타민 C'처럼 과학적 접근법으로 구해진 것들이기 때문이다. 이에 따라, 우리는 과학적 접근법인 객관적 분석으로 확보한 결론을 더욱 신뢰하기 마련이다.

　디자인씽킹은 사람과 사람, 사람과 사물 간에 발생하는 현상의 원인을 깊이 있는 연구와 관찰로 분석한 뒤, 바람직한 해결 방안을 찾는 과학적 접근법을 적용한다. 그래서 단순히 기발한 아이디어만 제시하기보다 훨씬 더 많은 설득력과 공감을 구하는 힘이 있다.

(3) 디자인씽킹은 과학적 접근법과
　　같은 절차를 지향한다

　과학적 접근법의 일반적인 진행 절차는 문헌 연구나 관련 지식을 검토한 뒤, 개념을 정의해 명제를 구성하고, 연구 가설을 설정하는 식으로 시작된다. 그 다음에는 연구 가설을 검증하기 위한 연구 설계를 실시하고, 경험적 자료를 수집·분석한 뒤 평가해 연구 결과를 설명한다. 마지막으로 연구를 통해 나타난 새로운 문제점을 제시한다.

디자인씽킹에서의 과학적 접근은 자연과학의 접근법과 유사하다. 하지만 특정한 연구 가설을 미리 설정하지 않는다는 점은 디자인씽킹과 자연과학의 접근법의 가장 큰 차이점이다. 즉, 디자인씽킹에서 추구하는 결과물은 기존에 존재하지 않았거나 해결하지 못한 것을 해결하기 위한 것이다. 그러므로 디자인씽킹 전문가들은 몇몇 제한된 가설을 전제로 연구를 시작하지 않는다. 그럼에도 불구하고 디자인씽킹의 접근법이 과학적이라고 주장하는 이유는, 디자인씽킹도 과학적 방법의 장점들을 적용해 지속적으로 발전해왔기 때문이다. 즉, 디자인씽킹도 과학적 접근법의 특징을 공유하고 있는 것이다. 그 특징은 다음과 같다.

① 모든 문제에는 원인이 있다.
② 모든 문제에는 일정한 질서와 규칙성이 있다.
③ 경험과 관찰이 질서와 규칙을 이해하기 위한 지식의 원천이다.
④ 원인을 명확하게 규명한 뒤, 이를 해결하기 위한 창의적인 대안을 찾는다.

(4) 디자인씽킹은 문제를 해결한다

카노 모델Kano model은 일본 도쿄 대학의 카노 노리아키 교수가 1980년대에 발표한 제품 개발 관련 이론이다. 카노 모델은 새로운 상품을 기획할 때 각각의 구성 요소에 대해 소비자가 기대하는 것과, 그러한 구성 요소가 소비자의 니즈를 충족시킨다는 사실 사이의 주관적 관계, 그리고 각각의 구성 요소가 소비자의 요구 사항을 얼마나 만족시키는가를 객관적으로 설명한다.

즉, 카노 노리아키 교수는 주장하기를, 어떤 것에는 우리가 반드시 해결해야 하는 '필수 요소'가 있고, 또한 어떤 것에는 없을 때는 잘 모르지만 있으면 감동과 기쁨을 주는 '매력 요소'가 있다고 했다. 2가지 모두 최종 고객의 관점에서 정리된 분석 도구(Tool)이다.

이러한 필수 요소와 매력 요소는 모두 문제 해결을 요구한다. 즉, 문제를 해결하는 데 중요한 요소는 모두가 활용할 수 있는 일정한 도구와 방법(Method)이라는 것이다. 이러한 도구와 방법은 문제를 해결하려는 직원들의 언어가 되고, 약속이 된다. 해당 직원들은 자신들에게 주어진 방법을 따라함으로써 일정 수준 이상의 품질을 확보할 수 있다. 이렇듯 합의된 방법이 없을 경우에는 다양한 내적·외적 변수가 생기기 마련이다. 이들은 문제를 해결하는 과정에서 장애 요인이 된다.

다시 강조하건데, 디자인씽킹은 문제 해결 방법론이다. 즉, 주어진 과정을 충실히 수행하면 어느덧 '핵심 문제'와 그 문제에 대한 '최적의 대안'을 구할 수 있다. 만약 문제의 원인은 알겠는데 해결 방법을 찾지 못한다면, 또는 아이디어는 그럴 듯한데 이것이 정말로 고객들에게 중요한 것인지 궁금하다면 디자인씽킹 방법론을 통해 점검해볼 수 있다.

9. 디자인씽킹은 다른 사람들이
보지 못하는 기회를 찾아준다

집카Zipcar는 2013년에 미국의 유명 렌트카 회사인 에이비스AVIS가 5억 달러에 인수한 카셰어링 회사다. 2000년 6월부터 메사추세츠 주 등에서 첫 운행을 시작한 이래 순식간에 성장한 스타트업이다. 기존 렌터카 회사들이 24시간 단위로 차를 빌려주던 것과 달리, 집카는 1시간 단위로 빌려준다. 그래서 고객은 필요할 때 저렴한 가격에 차를 빌릴 수 있다보니, 수시로 차가 필요한 고객들이 아주 좋아했다.

우리나라에도 이와 같이 성장하는 카셰어링 회사가 있다. 바로 쏘카SOCAR이다. 고객은 쏘카에서 30분 단위로 차를 빌릴 수 있다.

특히, 스마트폰으로 내 주변의 쏘카 소속 차를 선택한 뒤, 쏘카의 스마트폰 어플리케이션에 있는 스마트키로 그 차를 이용할 수 있다.

더욱 편리한 점은 내 주변에 있는 쏘카의 공용 주차장에 차를 반납하면 된다는 것이다.

쏘카의 뛰어난 점은 또 있다. 차 안에 비치된 주유 전용 카드로 언제든지 필요한 양만큼 주유할 수 있다는 점이다. 고객은 차를 반납할 때 주유량을 걱정하지 않아도 되는 것이다.

이쯤에서 예전 상황을 떠올려보자. 차를 빌리려면 우선 렌터카 업체를 방문해야 했다. 그리고 렌터카 회사의 직원이 내미는 각종 문서를 작성한 후에 키를 받을 수 있었다. 특히, 차를 빌리는 시점의 연료량을 정확하게 확인해야 했다. 일반적으로 연료 탱크가 거의 비어있는지라 차를 빌린 뒤 바로 주유소에 가야 했다. 반납할 때도 문제다. 고작 1~2시간만 운행해도 하루 단위로 계산되었으며, 별도로 시간을 내어 빌린 장소로 몰고 가서 반납해야 했다. 이때, 기름이 많이 남았어도 손해를 감수해야 했다. 고객들은 이러한 시스템이 짜증났지만, 으레 '당연한 불편'으로 받아들였다.

쏘카는 이러한 불편들을 말끔히 해소했다. 즉, 렌터카를 사용하는 고객들이 당연하다고 여긴 '불편'을 적극적으로 해결한 것이다. 물론, 다른 렌터카 업체 직원도 고객이 차를 빌리는 과정을 직접 관찰하고 따라가면서 고객의 내면에서 우러나오는 이야기들을 들을 수 있었다면 쏘카가 잡은 기회를 더 먼저 잡을 수 있었을 것이다.

그러나 아직 늦지 않았다. 아직도 우리 주변에는 이런 경우가 너무도 많다. 즉, 사용하다보면 어쩐지 불편하고 때로는 억울한 느낌도 드는 경우. 하지만 남들에게 털어놓자니 "고작 그런 걸 불편해하다니" 같은 핀잔이나 듣지 않을까 걱정되는 경우가 그렇다. 만약 여러분들이 디자인씽킹을 활용하여 이와 같은 경우를 진지하게 탐구한다면, 쏘카처럼 새로운 기회들을 찾을 수 있을 것이다.

10. 디자인씽킹으로 고객의 피드백을
가장 빨리 파악할 수 있다

고객의 피드백을 원하는가? 그렇다면 일단 원하는 것을 빨리 만들어 시행해봐야 한다. 그 뒤 고객의 의견을 받아 빨리 수정한다. 이것이 지금까지 우리가 알고 있는 고객의 피드백을 받을 수 있는 가장 빠른 방법이다. 즉, 아이디어를 실행하려고 한다면 우선 기업이 가진 자원(시간과 비용)을 사용해야 한다.

그러나 만약 이 작업이 소규모가 아니라면, 그에 따른 자원 사용은 기업에 재앙이 될 수도 있다. 고객의 피드백을 구하는 작업이 말 그대로 기업을 뿌리부터 흔들 수 있는 도박이 되는 셈이다. 안전하게 하고 싶은가? 이 경우에도 디자인씽킹이 답이다.

한국디자인진흥원 미래디자인융합센터 서비스지역발전팀이 출간한 도서인 《공공정책, 책상에서 현장으로》에는 이 답에 대해 이렇게 해설하고 있다.

디자인씽킹은 아이디어 설계 단계에서 고객을 만나면서 실제 고객의 경험을 통해 아이디어의 반응 수준을 미리 확인할 수 있다는 것이다. 즉, 최초 기획 단계에서 최종 고객은 물론 이해관계자의 니즈까지 포괄적으로 파악할 수 있다는 것이다. 기업의 제품(서비스) 기획자는 이를 근거로 문제를 정의하고, 아이디어를 내놓으면 된다. 이는 컨셉이나 아이디어를 시장에 먼저 출시해 반응을 보는 기존의 방법에 비해 시행착오에 따르는 시간과 비용을 줄일 수 있다.

결론은 이것이다! 고객의 피드백을 경쟁사의 기획자보다 먼저 받고 싶으면 '빨리 만들기'보다 '고객이 활동하고 있는 현장으로 빨리 달려가기'를 해야 한다는 것이다.

11. 디자인씽킹은 조직의 문화를 바꾼다

창의력과 사고법 교육 분야의 세계적 권위자인 에드워드 드 보노는 '수평적 사고'를 창안했다. 수평적 사고*는 문제를 바라보는 기존의 고정된 방식을 대신하는 새로운 방식을 찾는 사고방식이다. 드 보노는 논리적으로 옳고 그름을 따지는 것만으로는 문제를 해결하거나 새로운 아이디어를 만들어내지 못한다고 보고, 그 대안으로 수평적 사고를 활용하라고 주장한 것이다. 디자인씽킹이 지향하는 조직은 수직적 사고**보다 수평적 사고를 하는 조직이다.

---

* 문제를 해결하기 위해 다양한 대안들을 최대한 많이 만들어낸 뒤 움직이는 사고방식이다.

** 문제를 해결하기 위해 단 하나의 정확한 경로를 선택하는 것으로, 나아갈 방향이 명확하게 규명될 때만 움직이는 사고방식이다.

수직적 사고를 하는 사람들은 조직 내에서 해답이 빨리 나오기를 기대한다. 그러므로 직원들에게 즉시 결과를 보고하라고 강요한다. 또한, 조직 및 직원들 상호 간의 업무 구분을 명확히 하고, 그 범위 내에서만 행동하고 판단하도록 강제한다. 수직적 사고를 하는 사람들은 나아갈 방향이 명확할 때만 움직인다.

수평적 사고를 하는 리더는 시간이 걸리더라도 통찰력을 갖춘 최선의 해답이 나올 때까지 기다려준다. 물론 그냥 기다리기만 하는 것이 아니라 직원들과 함께 토론함으로써 대안을 끊임없이 찾아다닌다. 조직 및 직원들 간의 역할을 엄격하게 구분하지도 않는다. 오히려 유동적으로 서로 협력하도록 장려한다.

수평적 사고를 하는 조직의 직원들은 자신들이 나아갈 방향으로 삼기 위한 비전을 만들 때에도 서로 긴밀하게 움직인다. 불투명한 미래를 두려워하기는커녕 오히려 즐긴다. 조직에서 비전을 만드는 것 또한 구성원들 모두가 참여해야 하는 자발적인 역할로 본다. 이렇듯 디자인씽킹 방법론을 적용하는 조직에서 수평적 사고는 자연스러운 문화인 것이다.

12. 마음의 근육을 키워주는
자포스식 텔레마케터 교육

새로운 업무를 시작할 때 기본 지식을 잘 익혀야 한다. 특히 텔레마케팅 같은 서비스업에 종사한다면 매뉴얼화된 서비스 방식은 물론, 친절한 태도를 익힌 뒤 실제로 표현하는 것이 매우 중요하다.

상담 기술도 이러한 범주에 속한다. 상담 매뉴얼을 잘 숙지하면 어려운 상황에 잘 대처할 수 있다. 업무 관련 기본 지식, 서비스, 상담 기술 등을 평소에 잘 익혀두는 상담사는 역량은 물론 자신감도 갖출 수 있다. 현재 우리나라의 거의 모든 고객센터(또는 컨택센터)에서 이루어지는 상담사 교육 훈련의 기본 정신이 이것이다.

하지만, 업무 역량은 어느 수준에 도달하면 한계가 나타난다. 사실, 업무란 급료와 같은 외적 동기 때문에 수행하는 일이기 때문이다. 그러니까 기업의 대표나 임원 등 다른 사람들이 설정한 목표를 끊임없이 달성하기 위해 관련 지식과 노하우를 습득해야 한다든가, "이것을 잘 활용함으로써 기업이 매출을 올리는 데 도움이 되어야 한다"는 의무감에 시달리기 마련이다. 이는 상담사 개개인의 정신적 피로를 가중시킨다.

그러나 의류 종합 쇼핑몰인 자포스zappos의 상담사들은 다른 고객센터의 상담사들과는 다르게 행동한다. 스스로 자신을 관리하면서 당면한 문제들을 해결하고, 통제감과 성장감을 누린다. 자포스의 상담사들은 매번 새로운 고객을 자신만의 방식으로 응대하면서 배우고 성장한다. 상담원들이 평가를 받는 기준은 "하루에 얼마나 많은 고객을 응대했는가?"가 아니라 "얼마나 많은 고객에게 행복을 전했는가?", 또는 "고객의 문제를 얼마나 만족스럽게 해결해드렸는가?"이다. 여기에서 고객과의 상담 시간의 양은 문제로 지적되지 않는다.

자포스의 이러한 접근법은 상담사들에게 내적 동기를 제공한다. 자포스는 상담사들에게 스스로 문제를 해결할 수 있는, 스스로 성장할 수 있는 마음의 근육을 키워준 것이다. 이것이 가능한 이유는 자포스의 CEO인 토니 셰어가 디자인씽킹 마인드를 실천하기 때문이다. 토니 셰어는 모든 사무실을 개방하고, 조직을 수평적으로 운영한다. 아울러 자포스의 모든 직원이 자신의 적성과 소질에 맞는 업무를 찾게끔 다양한 부서에서 근무할 수 있는 기회를 부여한다. 토니 셰어는 직원이 회사가 일방적으로 설정한 역량 개발 목표를 달성하기보다, 직원 스스로 목표를 수립하고 이를 달성하게 했다. 심지어 자기 스스로 설정한 목표를 달성한 직원에게 회사가 보너스를 지급하는 정책도 시행한다. 이렇듯 토니 셰어는 직원들 스스로 문제를 설정하고 해결하도록 기회를 부여함으로써 디자인씽킹을 실천한다.

급료나 일자리 마련 같은 외적 동기 때문에 자포스에 입사했다가 내적 동기를 가지게 된 상담사들은, 누가 시키지 않더라도 교육의 필요성을 느끼고 퇴근 후 스스로 학습한다. 고객과의 상호 이익을 추구하기 위해 협상 역량을 스스로 강화하고, 고객과 대화할 때 고객이 이야기하지 않은 부분까지 즉시 파악할 수 있도록 고객의 잠재 니즈를 이해하는 훈련을 하며, 요즘 사람들이 무슨 생각을 하는지 제대로 파악할 수 있게 해주는 트렌드 분석까지 공부한다. 이렇게 노력하고 스스로 역량을 향상시킨 사람을 우리는 '전문가'라고 부른다. 자포스가 육성하는 상담 전문가와 고객 커뮤니케이션 전문가는 다른 고객센터는 물론, 경영 활동을 하는 모든 조직들이 원하는 사람들이다.

앞으로 고객센터는 자포스를 본받아 현재 진행하는 실무 교육과 병행해 상담사들이 내적 동기를 형성할 수 있도록 환경과 교육 기회를 제공해야 한다. 모든 고객센터들이 이렇게 한다면, 상담사로 근무하거나 앞으로 근무할 모든 사람들이 고객에게 행복을 전달하고, 이를 통해 전문가로 성장할 것이다.

_김정화, 프리랜서 기획자 겸 프로젝트 매니저

2014년 11월, 업무 능력을 향상시키기 위해 'SK T아카데미 디자인씽킹' 과정을 신청했다. 몇 해 전 SK T아카데미의 모바일 과정을 통해 업무 영역을 넓힌 경험이 있어서였다. 그래서 '사람 중심의 방법론'이라는 디자인씽킹 과정 소개 문구가 매력적이라고 생각했다.

다만 디자인씽킹이라는 개념은 생소했기에 수업 당일에는 호기심 반 기대 반으로 참여했다. 3일간 함께할 분들과 팀을 꾸렸고, 이 책의 저자인 유병철 강사의 진행에 따라 토론과 실습을 반복하며 첫날을 보냈다. 그라운드룰Ground Rule[**]을 통해 서로를 배려하며, 팀별로 하나의 주제를 정해 교육 기간 내내 해답을 찾아가는 과정이 진행되었다. 첫날 수업을 마친 뒤 하루를 이처럼 알차게 보낼 수 있다는 사실에 스스로를 대견스러워 했던 기억이 새롭다.

이렇듯 디자인씽킹 교육은 이론 중심으로 이루어지지 않았다. 각

---

[*] Design-Challenge, 문제 해결의 방향성을 제시하는 것으로, 다양한 아이디어들을 이끌어내는 크리에이티브 아이디에이션Creative Ideation 때 브레인스토밍의 기준점이 되는 문장으로 재구성해 이루어진다.

[**] 소그룹에 참여한 구성원들끼리 지키기로 약속하는 공통적인 행동 규범이다. 원래 의미는 경기장의 고유한 상황 때문에 통일된 정식 경기 규칙을 적용할 수 없을 때 특별히 적용하는 규정을 말한다.

팀별로 다양한 배경을 가진 팀원들이 서로의 장점을 최대한 끌어내 실질적인 결과물을 구하는 데 초점이 맞춰졌다. 이러한 과정을 통해 팀워크의 중요성과 다른 사람들에 대한 포용력을 배우고, 각 구성원들의 서로 다른 강점들이 어떻게 융합되어 창의적 산출물이 되는지까지 체험할 수 있었다. 또한 고객의 핵심 페인pain(고통을 주는 요소)을 파악하고 관련 문제를 해결하면서 "어떻게 하면 ○○할 수 있을까?"라고 질문을 던지는 디자인챌린지는 일상에서 업무나 개인적인 문제에 맞닥뜨렸을 때 가장 자주 떠올리는 단어가 되었다.

이 교육 과정은 이후 한국디자인진흥원의 서비스디자인 사회문제 해결워크숍 과정까지 이어졌다. 이 또한 바쁜 일과에 치이면서도 주말까지 할애해 열띤 토론과 실습을 벌이던 팀원들 모두의 열정과 에너지로 진행되었다.

내게 있어 디자인씽킹은 세상의 모든 의미 있는 주제의 해답을 고객의 입장에서 찾아가는 열린 방법론이다. 사회에 의미 있는 해결책을 제시하는 데 따른 보람과, 팀워크를 통해 다른 이들의 역량과는 다른 나만의 역량을 발견할 수 있었던 소중한 교육과 체험의 기회이기도 했다.

제3장

디자인씽킹을 잘하려면 준비해야 할 자질

13. 학습만으로 습득할 수 없는 자질을 보유하라

기업 혁신 전문가이자 리엔지니어링 개념을 창시한 경영 전문가인 제임스 챔피가 쓴 《아웃스마트》에는 이런 이야기가 등장한다.

승마를 좋아하는 미나드라는 여인이 말 한 필을 구입한 뒤 웨슬리라는 이름을 지어주었다. 하지만 직접 말을 관리할 능력은 없다보니 전문 업체에 맡겼다. 헌데 웨슬리를 만나러 갈 때마다 웨슬리의 상태가 영 좋지 못했다. 수의사는 영양보조제를 처방해주었다. 그런데 얼마 뒤 업체를 다시 방문한 미나드는 큰 충격을 받았다. 수의사가 처방해준 영양제가 웨슬리에게 전혀 투약되지 않았기 때문이다.

내가 만약 미나드였다면 어떻게 행동했을까? 아마, 그 업체에 항의하거나 마구간 관리자를 고소했을 것이다. 다른 업체를 알아보면서 말이다. 하지만, 미나드는 조금 다르게 행동했다. 마구간 관리자가 자기 일을 왜 제대로 못하는지 파악한 것이다.

그 마구간 관리자는 자신이 관리하는 30마리의 말들에게 매일 평균 3개 정도의 보조식품을 먹여야 한다고 하소연했다. 심지어 특정 브랜드를 선호하는 말 주인도 있기에, 그 관리자는 먹이를 줄 때마다 가루약과 덩어리약 등이 담긴 100개 이상의 통들을 일일이 여닫아야 했다. 즉, 그 관리자는 웨슬리처럼 특별히 지정된 말들에게 정확한 내용물을 정확한 양만큼 주기가 거의 불가능했던 것이다.

미나드는 항의와 고소를 포기했다. 그 대신 웨슬리를 비롯한 모든 말들이 약과 영양보조제를 적절히 복용할 수 있도록 그 관리자를 도와주었다. 어느 날 미나드는 약국에서 처방약을 날짜별로 포장해주는 것에 주목했다. 그래서 미나드는 말을 위해 비슷한 목적의 처방약 용기를 만들었다. 미나드는 이를 발전시켜 스마트팩SmartPack을 개발해 미국 전역에 팔았다. 현재 미나드는 스마트팩 제조와 판매로 성공한 사업가가 되었다.

마구간 관리자의 하소연에서 보듯이 많은 말 주인들이 미나드와 동일한 경험을 했을 것이다. 그런데 왜 미나드만 성공한 사업가가 되었을까? 미나드는 말에 대한 애정과 열정을 가지고 있었고, 마구간 관리자가 하소연한 상황을 직접 개선시키려고 했다. 자신의 애마는 물론 그곳에 있는 모든 말들을 위해서 말이다. 결국, 스마트팩 아이디어는 그 과정에서 떠오른 것이다.

창의적인 조직은 각자 다른 역량을 가진 팀원들이 서로 팀워크를 통해 시너지를 극대화하면 만들어진다고 한다. 하지만, 실제로는 미나드와 같이 팀원 각자가 가진 '탁월한 그 무엇'이 필요하다. 즉, 팀원 각자의 다양한 탁월함들이 만나면 비로소 진정한 시너지 극대화의 효과가 나타나는 것이다.

그런데 이러한 탁월함 중에는 쉽게 학습할 수 있는 것도 있고, 그렇지 않은 것도 있다. 예를 들면 프리젠테이션 기법이나 스피치 등은 비교적 단기간에 학습할 수 있다. 그러나 역량(Ability) 혹은 자질(Quality)이라는 것은 쉽게 학습할 수 없다. 역량이나 자질은 사람의 기질, 특성, 성격, 주변 환경에 따라서, 그리고 다른 사람들과 영향을 주고받으면서 오랫동안 내면에 축적된 것이기 때문이다. 그래서 몇몇 과학소설에서처럼 어떤 기업가나 장군, 정치가의 유전자를 고스란히 갖춘 아이(복제인간)를 만들더라도, 실제로는 그 아이가 자신에게 유전자를 물려준 그 사람과 똑같은 어른이 될 수 없다고 한다.

미국의 유명한 이노베이션 디자인 컨설팅 회사인 점프 어소시에이츠 Jump Associates는 창의적인 미래 인재가 갖춰야 할 8가지 자질을 다음과 같이 정의했다.

① 호기심(Curiosity)

② 열정(Enthusiasm)

③ 유머Humor

④ 노력(Effort)

⑤ 에너지Enegry – 지적인 면에서의 탁월함(Intellectual Smartness)

⑥ 신뢰(Intention)

⑦ 추진력(Initiation)

⑧ 기여(Contribution)

점프 어소시에이츠는 위 자질 중 적어도 3개 이상을 갖춘 사람을 채용한다. 모든 사람이 완벽할 수는 없기 때문이다. 그래서 신입 직원이 동기들 및 선배들과 함께 협력적인 재창조 과정을 만들도록 이끌고 있다. 업무에 필요한 스킬Skill(노련함)도 입사 후 교육이나 멘토링으로 향상시키게끔 지원하고 있다. 이런 활동에 대해 점프 어소시에이츠의 채용 담당자는 이렇게 말했다.

"스킬은 비교적 단기간의 학습으로 쉽게 익힐 수 있습니다. 하지만 자질은 학습만으로는 내것으로 만들 수 없지요."

14. '서로의 잠재력을 믿고 지원해주는 자질'이
   차이를 만든다

신뢰(Intention)는 "함께 일하는 팀원들의 잠재력을 믿고서 다 함께 목표를 달성하려는 마음을 가지고 서로 돕는 태도"를 말한다. 이것은 상대방의 긍정적인 면을 먼저 보면서, 심지어 눈에 보이지 않는 진정한 가치까지 찾으려는 마음가짐이다. 프로젝트 등 특별한 목표를 달성하기 위해 모인 팀원들은 일반적으로 서로에 대해 잘 알지 못한다. 그러다 보니 '나와 다른 점'만 더 두드러지게 보인다.

필자는 앞서 "디자인씽킹은 서로 다른 경험을 가진 사람들이 다 함께 창조적 협력을 이루는 과정"이라고 했다. 사실, 우리는 상대방이 하는 현재의 말과 행동으로 그 사람을 판단한다. 그러다 보면 처음부터 실망하게 된다. 왜냐하면 인간이란 처음부터 완벽하고 좋은 것을 만들어낼 수 없기 때문이다. 그보다는 상대방이 가진 가능성과, 그가 구현할 수 있는 최선이 무엇인지를 파악해야 한다. 이렇게 하면 상대방을 긍정적으로 보게 되고, 더 나은 무엇인가를 이끌어내기 위해 그 사람을 포용하게 된다.

상대방의 현재 행동을 보고 판단하는 것이 습관화된 그룹과, 상대방의 가능성을 보는 그룹의 차이는 바로 나타난다. 가장 특징적인 것은 대화를 지속하는 시간의 양이다. 상대방의 현재 모습만 보고 판단하는 그룹은 대화를 오래 지속시킬 수 없다. 상대방이 이야기하는 것을 판단하는 데 에너지를 소모하기 때문이다.

반대로, 미래의 가능성과 최선의 행동을 기대하는 그룹은 누가 아무리 작은 것에 대한 이야기를 하더라도 거기서 실마리를 찾는다. 그럼으로써 이야기를 계속 이어나간다. 즉, 대화를 시작한 사람이 언급한 사소한 것에 담긴 기본적이고 중요한 가치를 하나쯤은 찾을 수 있다. 그래서 더 오랫동안 더 많은 이야기를 나눌 수 있다. 그리고 그것이 어떻게 다른 이들과 함께 달성하려는 비전으로 이끌어줄 다리 역할을 할지 생각한다. 그러면 이야기를 시작했던 사람은 자신의 가치를 알아보는 분위기에 이끌려 더 좋은 생각을 계속 내놓는다. 사마천의 《사기》에도 "자신을 알아주는 사람을 위해 목숨을 바친다"고 나와 있지 않던가. 그룹의 구성원들이 서로 상대방의 가능성을 인정해주는 분위기를 형성하면, 각자가 자신이 가지고 있는 최선의 능력을 발휘하고자 노력하기 마련이다.

그러면 한번 돌아보자. 여러분은 어떤 사람과 이야기하고 싶나?

물론, 어색한 분위기에서 내가 처음 이야기한 것을 평가하거나, 숫제 무시하는 조직에서 일하고 싶지는 않을 것이다. 때로는 이러한 과거의 경험 때문에 회의 내내 조용히 있는 경우도 있다. 나의 이야기에 대해 누군가가 "그건 이래서 안 된다"라며 날 선 판단을 하리라고 보기 때문이다.

반면, 대단찮은 이야기를 했을 뿐인데, 그것이 가지는 장점을 인정하고, 그것에 가치를 더하는 조직이 있다고 해보자. 그러면 여러분은 여러분의 이야기에 귀를 기울여주는 그 조직에 기꺼이 새로운 무엇을 계속 가져다줄 것이다. 이는 결국 각자의 장점을 극대화하고 서로 조금씩 더하면서 마침내 다 함께 의미 있는 결과물을 만드는 경험을 반복하게끔 도와준다. 이런 조직에서는 구성원들 모두가 최고의 능력을 발휘하기 위해, 상대방의 기대를 뛰어넘는 새로운 것을 전달하기 위해 계속 노력하기 마련이다. 이것이 진정한 의미의 신뢰다.

이러한 신뢰를 기반으로 삼아야 새로운 것을 내놓을 수 있다. 그리고 이를 통해 조직에 기여하고자 하는 동기도 생기기 마련이다. 이는 그 기업이 추구하려는 비전을 달성할 수 있느냐를 결정한다. 하지만, 이러한 신뢰는 쉽게 확보할 수 없다. 신뢰는 오랜 습관으로만 이루어질 수 있다. 즉, 각자가 가지고 있는 기본적인 생각(Mind), 관점(Perspective), 태도(Attitude)를 통해 개인의 성격적 특성으로 굳혀야 한다. 그래야 정말 필요할 때 자연스럽게 사용할 수 있다.

15. 회사를 성공으로 이끌려면
　　성과를 내는 사람이 되라

　　미국 캘리포니아 주 오클랜드 시를 연고지로 하는 야구팀인 애슬레
틱스의 단장 빌리 빈은 미국 프로야구계에 충격을 안겨준 사람이다.
아메리칸리그에서 20연승을 달성함으로써 가난한 구단을 견실한 구
단으로 탈바꿈시켰기 때문이다.

　　빌리 빈이 생각한 이론의 핵심은 출루율(OBP, On-Base Percentage)
이다. 야구는 점수를 더 많이 내는 팀이 이기는 게임이다. 그런데 점
수를 내려면 무조건 1루를 밟아야 한다. 그런데 당시에는 출루율이 높
은 선수는 지나치게 저평가를 받고, 장타를 치는 선수는 지나치게 고
평가를 받았다. 미국 야구에 관한 1999~2003년 자료에는, 선수의 출
루율이 팀 승패에 지대한 영향을 주었음에도 정작 선수 개인별 연봉

에는 전혀 반영되지 않았다고 나와있다.

빌리 빈은 이것을 꿰뚫어보았다. 즉, 안타뿐 아니라 사사구나 몸에 맞는 볼을 통해 출루율이 높았던 선수들이 시장에서 전혀 평가를 받지 못하고 있었던 사실을 말이다. 애슬레틱스의 20연승은 이러한 새로운 선수 선발 자료 덕에 이루어졌다. 요즘에는 출루율이 미국 프로야구계에서 선수 연봉 협상 때 주요 기준이 되고 있다.

빌리 빈과 애슬레틱스가 그러했듯이, 창의적인 아이디어를 구하는 조직이 정말 소중하게 여겨야 할 점은 '조직이 추구하는 가치를 달성하는 것'이다. 이를 위해서는 기존의 고정관념을 깨는 새로운 관점을 반드시 제시해야 한다. 즉, 야구에서 출루에 해당하는 것이 창의적 조직에도 존재하기 때문이다. 그것이 바로 새로운 프레임Frame(틀)이다.

사실, 그룹이나 조직 내에서는 모두가 함께 일한다. 하지만 정작 진보는 새로운 프레임을 발견할 때 나온다. 이것은 다양한 경로로 습득한 사실들을 의미 있는 결과로 정리하는 작업이기 때문이다. 그래서 아침 일찍 출근해 저녁 늦게까지 열심히 일하는 성실함보다, (남들이 보지 못하는) 기존의 시장 상황을 변화시킬 새로운 요소를 꿰뚫어보는 능력을 갖춰야 하는 것이다. 그것의 결과물은 인사이트일 수도 있고, 아이디어일 수도 있다.

생각해보라! 조직 내에 열심히 일하는 사람들만 존재하고 돌파구를 만들어내는 사람이 없으면, 조직은 경쟁력을 갖추지 못해 앞으로 나아가지 못하지 않겠는가. 결국 창의적인 조직은 의미 있는 결과물을 만들어내는 선구자에 의해서만 앞으로 나아갈 수 있다. 이 자질이 바로 기여(Contribution)인 것이다.

기여라는 자질을 갖추려면 평소에 다양한 경험을 해야 한다. 다음에는 이렇게 경험한 것들을 서로 연결하고 종합할 수 있는 능력을 연마해야 한다. 그러한 연마는 그룹 구성원들 간의 협력적 토의(Ideation Enhancement)로 달성될 수 있다. 하지만 많은 경우 개인적인 몰입(Hard thinking)을 통해서 발현된다. 그러므로 이러한 자질과 잠재력을 확보할 수 있도록 노력해야 한다.

_박상규, ㈜위츠게이트 대표

나는 서비스디자인으로 사용자 경험에 기반한 연락처 앱 서비스를 기획하고, 이를 효율적으로 개발했다. 직장 생활 중이던 2014년, 창업을 위해 평소 생각해둔 앱 아이디어를 시장에서 검증해보고 싶었다. 지인들과 여러 차례 이야기를 나누고 많은 의견을 들었지만, 실제 서비스 기획은 혼자서 진행하는 것이 당연하다고 생각했다.

나름대로 열심히 작성한 앱 기획안을 가지고 앱 개발 업체에 의뢰해 개발을 진행했다. 그런데 개발 과정에서 기획상의 허점들이 드러나기 시작했다. 동일한 기능들이 페이지에 따라 아주 다르게 작동하는가 하면, 서비스의 흐름이 이어지지 않거나 개념의 구체적인 기능이 모호하기까지 했다. 매번 개발자와 재확인했고, 이로 인해 개발 속도는 현저히 떨어졌다. 당연히 개발자들의 불만도 커졌다. 더욱 심각한 문제는, 이러한 우여곡절 끝에 만들어진 서비스가 불필요한 기능들로 가득 찬 물건이 되었다는 점이다. 결국 실제 서비스를 해보지도 못한 채 많은 시간과 비용만 낭비했다.

이를 교훈으로 삼아 체계적인 서비스 기획의 필요성을 절감한 나는, 우연히 언론 매체로 접한 서비스디자인을 떠올렸다. 그래서 SK

상생혁신센터에서 진행하던 '디자인씽킹 방법론을 활용한 신규 사업 기획 과정'을 수강했다. 나는 이로써 서비스디자인을 직접 경험해본 뒤, 수강생들의 스터디모임인 포럼에도 참가했다. 그럼으로써 디자인씽킹 방법론에 관한 주제 토론과 아이디어 검증 시간을 정기적으로 가졌다. 나는 이 포럼을 주도했던 빌드업웨어의 정세준 대표에게 새로운 창업 아이디어인 '상태 정보 기반 연락처 앱(동글북)'에 관한 아이디어를 구체화할 수 있게 해달라며 도움을 구했다. 그래서 포럼 멤버들과 함께 2주간 서비스디자인을 통한 기획을 진행할 수 있었다.

우선 시장을 조사하고 핵심 서비스를 정의함으로써 1차적인 비즈니스 모델 캔버스Business Model Canvas[*]를 작성했다. 그 다음에는 거점 시장에 맞는 페르소나Persona[**]를 선정하고, 그에 따른 고객 여정 캔버스를 작성한 뒤 기존의 연락처·주소록 서비스의 사용자들이 느끼던 불편함의 본질적 원인을 탐색했다. 그 다음에는 포스트 잇 스토리보드로 연락처 사용 프로세스상의 각 스텝을 자유롭게 분

---

[*] 알렉스 오스왈더가 만든, 사업 전략 수립 또는 새로운 비즈니스를 구성하는 데 필요한 9개의 핵심 구성 요소로 이루어진 모델이다.

[**] 유사한 사용 패턴을 지닌 고객들을 분류한 것으로, 고객 행동(행위) 파악을 통해 표면적으로 드러나지 않는 고객들의 동기를 분석하거나, 프로젝트에 참가한 사람들 간의 원활한 의사소통의 매개체로 활용하기 위하여 가상으로 설정한 인물이다.

리하거나 결합해보는 과정을 거침으로써 다양한 디자인시나리오를 검토했다. 이 과정에서 최적의 시나리오를 선정해 작성한 서비스 프로토타입으로 UI*** 디자인의 초안을 마련했다.

이 모든 서비스디자인 과정에 기획자, 개발자, 디자이너가 모두 지속적으로 참여한 덕에, 이후 서비스를 구현할 때 디자인과 개발을 이견 없이 진행할 수 있었다. 또한 다양한 의견과 검증 단계를 거치면서 불필요하거나 일관성 없는 기능은 모두 삭제된 프로토타입을 신속하게 구현할 수 있었다. 이렇게 구현한 '동글북'은 기존의 연락처·주소록 앱에서는 볼 수 없던 사용자 상태 정보를 핵심 기능으로 삼아서 사용자의 경험과 니즈를 고려해 개발되었다.

사실, 스마트폰은 우리의 일상생활에 다양한 혁신을 가져왔다. 하지만 정작 전화의 핵심 기능인 '통화'라는 측면이 가지고 있던 전통적인 불편함을 해소하지 못했다. 즉, 우리는 상대방이 현재 통화 중인지, 자는 중인지, 바쁜 업무를 진행 중인지 등 상대방의 통화 가능 여부 같은 상태 정보를 알지 못한 채 전화를 건다. 그래서 어느 때에는 상대방을 방해할까봐 통화를 더욱 조심스럽게 하게 된다. 혹은 전화를 걸기 전에 문자나 SNS 등으로 통화 가능 여부를 확

*** User Interface, 사용자 인터페이스를 말한다.

인하고 있다.

만약 서로의 간단한 상태 정보를 공유할 수 있다면 통화를 더욱 효율적으로 할 수 있을 것이다. 더 나아가 이러한 상태 정보를 기반으로 한 다양한 사물인터넷 서비스도 시행할 수 있을 것이다.

제4장

개인의 평생 수입을 보장해주는 디자인씽킹

16. 18세기 조직에서 일하는 21세기 인재

국민 총소득에서 가계 소득 비중이 줄고 기업 소득 비중이 늘어나는 것은 전 세계적 추세다. 그런데, 한국이 다른 OECD(경제 협력 개발 기구) 회원국들보다 가계와 기업의 소득 격차가 더 심하다고 한다.

OECD 자료에 따르면, 1995~2012년의 우리나라 기업들의 영업이익이 연평균 8.9퍼센트 증가했다. 그런데, 이 기간에 근로자들의 연평균 급여 증가율은 6.8퍼센트에 지나지 않았다. 기업이 영업 활동으로 벌어들인 이익의 증가율보다 직원들의 임금 인상율이 적은 것이다.

다시 말해, 기업이 장사를 잘해 이익을 많이 남겨도, 그 이익 증가율만큼 월급을 올려주지 않았다는 것이다. 즉, 국가 전체적으로는 우리나라 국민들이 더 잘 살게 된 것 같아 보이지만, 정작 국민 개개인의 삶이 나아지지는 않았다는 뜻이다.

이러한 현상은 지난 15년간 지속적으로 진행되었고, 최근 그 정도가 더욱 심화되고 있다. 국가 전체적으로는 1인당 소득 3만 달러를 바라보지만, 개인은 여전히 가난하다. 그렇다면 이 문제를 어떻게 해결해야 할까? 18세기 영국에서 시작된 산업혁명을 떠올려보자.

산업혁명 시절의 영국에서는 증기 기관을 활용해 공장을 운영하면서 모든 제품을 대량 생산할 수 있게 되었다. 흔히 산업혁명을 '공업화'라고 부르는 이유이기도 하다. 기술 혁신으로 시작된 변화는 사회적·경제적 구조의 변혁으로까지 이어졌다. 자본을 축적한 기업가들은 공장을 짓고 기계설비를 구비해 대량 생산의 기반을 마련했다. 그 다음에는 공장에서 기계설비를 가동해 제품을 생산하는 활동에 참여할 노동자들이 필요했다. 기업가들은 시골의 젊은이들에게 농사일을 할 때는 상상도 못하던 수준의 높고 안정적인 수익, 즉 '임금'을 보장했다. 그러자 농촌에서 도시로 일시에 많은 인구가 이동했다. 이때부터 '임금 노동자', 즉 근로자라는 개념이 생겼다.

그로부터 300년가량이 지났다. 하지만 그때나 지금이나 근로자의 개념은 비슷하다. 즉, 18세기에나 21세기에나 노동력을 가진 개인은 여전히 공장 혹은 회사라는 조직에서 생산의 한 부분을 차지하고 있을 뿐이다. 21세기의 인재들이 18세기에 만들어진 조직에서 일하고 있는 것이다. 지난 300년간 사람들의 지식과 능력은 발전해왔는데, 정작 그 사람들이 일하는 조직은 예전 그대로인 것이다.

근로자에게 더욱 고통스러운 사실은, 근로자는 자의로든 타의로든 언젠가는 지금 일하고 있는 직장을 떠나야 한다는 점이다. 나이가 들어 정년퇴직을 할 수도 있고, 회사 사정이 어려워져 중도에 퇴직을 할 수도 있다. 문제는 몸담고 있던 조직을 떠났을 때를 대비해 자기 나름의 경쟁력을 가져야 한다는 점이다. 하지만 대부분의 근로자들에게는 꿈 같은 이야기다. "야근에 주말 출근, 그리고 매일, 매주, 매월 업무 보고와 회의와 작업에 치여 죽겠는데, 무슨 경쟁력을 어떻게 갖춥니까?"라고 반문할 것이다. 하지만 회사 같은 조직에 지금 속해있는 근로자가 경쟁력을 갖추지 않는다면, 지난 300년간 우리의 증조할아버지, 할아버지, 아버지의 삶을 반복하게 될 것이다. 언제까지 그렇게 살 것인가? 그런 삶을 아들딸과 손자손녀에게도 물려줄 것인가?

디자인씽킹은 지난 300년간 대물림되어온 '지금은 회사에 속해있지만 언젠가는 회사를 떠나야 할 근로자'라는 운명의 멍에에서 우리들을 그리고 우리들의 아이들까지 해방시켜줄 것이다. 그것은 우리들 자신에게 다음과 같은 질문을 하면서 시작된다.

'어떻게 하면 내 전문성을 살려 미래에도 지속적으로 높은 수입을 창출할 수 있을까?'

그에 대한 해답은 다음과 같은 3가지를 확인하면서 시작된다.

(1) 내가 현재 하는 일은 무엇인가?

- 먼저 나의 역량을 분석하라!

고객센터에서 상담사로 일하면서 사람들의 요구를 들어주는 일을 즐거워하는 사람은 많지 않다. 하지만, 레이첼 브리지가 연재하는《선데이타임스》의 칼럼인 '나는 어떻게 성공했는가(How I Made It)'에 소개된 영국 사업가 카렌 다비는 그 일을 축복으로 받아들였다고 한다.

> "나는 그 일이 너무 좋았어요. 일한다는 생각도 들지 않았어요. 사람들이랑 전화로 이야기를 주고받고 돈까지 받다니, 거저먹는 거나 다름 없었죠."

_레이첼 브리지,《부자들의 아이디어》, 138-144페이지 부분 인용. 이손 출판사

카렌의 집은 늘 가난했다고 한다. 아버지는 직업을 가져본 적이 없고, 어머니는 파트타임으로 일하여 간신히 식료품 구입비를 벌었다. 카렌은 16살에 일을 시작했다. 그녀의 두 번째 직업이 신문의 광고용 공간을 파는 텔레마케팅 업무였다. 남들은 어렵고 힘들며 스트레스가 심하다는 일을 카렌은 재미있고 만족스럽다고 여겼다.

그런데 그녀에게 새로운 기회가 보였다. 자신이 좋아하는 텔레마케팅을 하면서 더 많은 돈을 벌 수 있게 된 것이다. 당시 영국 정부가 가스회사와 전기회사 들을 민영화했다는 뉴스가 바로 그것이었다. 이런

회사들은 그때부터 더 많은 고객을 유치하려고 콜센터를 운영했다. 하지만 효과가 별로 없었다. 전화번호부를 펼쳐놓고 평생 단 한 번도 본 적이 없는 사람에게 전화를 걸어 무작정 서비스에 가입하라니, 과연 어떤 상대방이 "아, 그거 참 좋군요!" 하면서 응하겠는가!

카렌은 가스·전기 공급 가격을 대신 조사해준 뒤 인터넷 사이트에서 공급자를 바꿀 수 있도록 서비스를 제공하는 회사를 몇 곳 찾아냈다. 하지만, 그런 서비스를 전화로 제공하는 업체는 아직 없었다. 그래서 카렌은 자신의 사업 계획에 대한 확신을 가질 수 있었다. 카렌이 상담 업무를 하면서 발견한 것은, 사람들은 의외로 사소한 것들에 대한 의문이 많다는 점이다. 그리고 이에 대한 답이나 정보를 구하기 위해 관련자와 직접 대화하기를 원한다는 것이었다.

텔레마케팅 경험 덕에 카렌도 궁금한 점을 해소시키거나, 걱정하는 사람을 안심시키는 데는 전화가 최고라는 것을 잘 알고 있었다. 카렌은 자신의 텔레마케팅 서비스를 신문을 비롯한 여러 매체에 광고했다. 그랬더니 매일 1,000여 통 이상의 고객 전화 내용을 처리하게 되었다. 이후 카렌의 사업 분야는 가스·전기를 너머 전화, 인터넷, 신용카드 관련으로 확대되었다. 물론 고객들의 만족도도 높았다.

이 이야기에서 주목할 것은, 카렌 다비가 하는 일이다. 그녀가 만족스럽게 했던 일은, 전화로 신문의 광고용 공간을 파는 일이었다. 이 업무를 어떻게 볼 것인가? 이는 판매 업무이기도 하고, 광고 업무이기도 하며, 상담 업무이기도 하다. 하지만, 그 일의 속성은 '다른 사람과 대화하는 업무'인 것이다. 이러한 일을 즐겁게 했다는 것에서 그녀가 가진 탁월한 역량을 알아낼 수 있다. 카렌의 역량은 다음과 같다.

① 다른 사람들의 이야기를 잘 들어준다.
② 다른 사람들에게 친절하다.
③ 인내심이 있다.
④ 설득력이 있다.
⑤ 좋은 의사소통 능력을 가지고 있다.
⑥ 영업력도 갖추고 있다.
⑦ 종종 창의적이다.
⑧ 문제 해결 능력도 있다.

카렌 다비는 그녀의 이러한 역량들 가운데 일부를 활용해 고객에게 가장 적합한 서비스를 제공하는 텔레마케팅 회사를 설립했다. 아울러 카렌은 자신의 업무 역량을 이렇게 분석함으로써, 자신이 할 수 있는 다른 분야의 일들도 떠올릴 수 있었다.

하지만 우리는 이와 달리 자기 업무를 추상적이고 포괄적으로 정의 한다. 그러니까 지금 내가 회사에서 인사 업무를 담당한다고 해보자. 그러면 내가 할 수 있는 일은 인사 업무 밖에 없다고 생각한다. 이러 면 카렌의 경우와 달리 내 역량을 제대로 볼 수 없다. 물론 그러한 '보 지 못한 역량'을 새로운 분야에 활용할 기회도 없을 것이다. 즉, 지금

다니는 회사를 떠나게 될 경우, 다시 갈 수 있는 직장은 고작 인사 업무를 수행하는 직원을 원하는 곳으로 한정될 것이다. 그런데 만약 여러분이 인사 업무를 잘 해왔다면, 그것을 위해 필수적으로 요구되는 세부적인 역량들도 제시할 수 있다. 예를 들면 '다른 사람의 이야기를 잘 듣는 것', '글을 논리적으로 잘 쓰는 것', '다른 사람의 장점을 빨리 파악하는 것', '적재적소에 사람을 배치하는 순발력' 등이 그것이다.

여러분이 어떤 분야에서 오래 일한 덕에 '전문가'가 되었다고 확신한다면, 그리고 '근로자'라는 이름의 멍에에서 벗어나고 싶다면 지금 여러분이 하는 일이라든가, 그동안 했던 일들과 관련된 탁월한 역량들을 세부적으로 분석하라. 카렌 다비가 했던 것처럼 말이다.

(2) 내 역량이 필요한 시장은 어디에 있는가?

- 내 고객 그리고 내 핵심 가치를 정의하라!

그 다음에 확인할 것은, 이렇게 분석된 내 역량이 필요한 고객과 시장을 찾는 것이다. 그 역량이 내가 몸담고 있는 조직에서만 필요한 것인지, 아니면 다른 분야에서도 필요한 것인지 파악해야 한다.

이를 위해 일단 지금 내가 속한 시장에서 내가 하고 있는 일을 점검해야 한다. 그 다음에는 그 일을 수행하는데 필요한 역량을 원하는 조직이나 사람 들을 찾아야 한다. 지인을 통해 알아보든가, 혹은 시간이 날 때마다 모임 같은 데 참석하여 사람들을 만나야 한다. 또한, 내가 하는 일과 유사한 일을 하는 사람들을 만나서 전문가적인 의견을 듣는 것도 좋다. 제10장에서 소개할 '고객과 공감하기' 방법을 참고해 질문을 해보거나, 관찰할 사항을 미리 작성해보는 것도 좋다. 그 뒤에 핵심 문제를 정의함으로써 그러한 조직이나 사람 들이 현재 어떤 어려움을 가지고 있는지, 그것을 해결하는 과정에 어떤 장애가 놓여있는지 등을 확인해야 한다.

간단하고 쉬워 보이는가? 하지만 여러분도 지금까지 정작 이러한 노력을 해보지 않은 경우가 많을 것이다. 왜냐하면, 내가 속한 조직에서 내 업무는 내가 선택한 일들이 아닐 가능성이 높기 때문이다. 또한, 지금까지 내가 수행한 많은 일들은 내가 스스로 목표와 방향을 설정하고 계획적으로 추진한 것이 아니라, 회사의 계획에 따라서 혹은 상사나 동료나 다른 부서의 요구에 의해 진행한 것들이 대부분이기 때문이다. 이런 상황에서는 나 자신이나 내가 하는 일과 그 일을 하는 데 필요한 역량에 대한 입체적인 그림을 볼 수 없다. 마치 최첨단 자동차 공장의 로봇팔처럼 주어진 일만 열심히 하기 때문이다. 그러니 여러분은 지금부터라도 이렇게 생각하거나 분석해봐야 한다.

① 내가 지금 하는 일은 어떤 일인가?

② 그 일을 통해서 내 역량 중 어떤 것을 발전시키고 있는가?

③ 이러한 일과 역량의 최종 고객은 누구인가?

④ 이러한 일과 역량을 요구하는 곳은 어디인가?

⑤ 내 경쟁력의 원천은 무엇인가?

(3) 내가 남들보다 더 잘 할 수 있는 것은 무엇인가?

- 나의 경쟁력을 확인하고, 남들과 차별화하라!

위의 2가지 일을 수행했는가? 그렇다면 "난 이건 참 잘해!"라고 남들 앞에서 당당하게 내세울 수 있는 요소를 찾아야 한다. 그러니까 내 역량을 분석하고 고객을 찾는 것이 경쟁력을 갖추기 위한 준비 과정이었다면, 바로 이 '경쟁력 차별화'는 본격적인 출발점인 셈이다.

이에 대해서는 제10장 '디자인씽킹 기획을 24시간 안에 끝낸다?'를 참조하고 실천하라.

17. 1주일에 5시간 일하고도
   월급보다 많이 버는 전문가가 있다?

창업 전문가인 티모시 페리스가 쓴 《4시간(*The 4-Hour Work week*)》이라는 책이 있다. 1주일에 4시간만 일하고도 자신이 원하는 것을 하면서 살 수 있는 방법을 소개했다. 이 멋진 책에서 티모시 페리스는 다음과 같은 4가지를 강조했다.

① 정의(Definition) - 자신이 정말로 원하는 것이 무엇인지, 그것을 구하려면 무엇을 대가로 지불해야 하는지 파악한다.

② 제거(Elimination) - 시간을 관리하여 '효율'보다 '효과'를 강화한다.

③ 자동화(Automation) - 지속 가능한 소득을 창출할 방법을 만든다.

④ 자유(Liberation) - 삶이 지리적 위치에 구애받지 않게 한다.

이 책은 우리나라에서도 2008년에 출간되었다. 그리고 티모시 페리스가 제시하는 삶을 누리려는 열망은 최근 더욱 강해지고 있다.

근로시간이 OECD 회원국들 중에서 가장 많다보니, 주말의 여가시간마저 이불 속에서 보내기 일쑤다. 놀러가자며 칭얼거리는 어린 딸내미에게 "아빠는 뭐든 할 수 있다!"고 말하며 데리고 나가고 싶지만, 현실은 그렇지 못해 나쁜 아빠가 될 수밖에 없다.

그런 판에 회사에서는 구조조정 관련 소문마저 돈다. 당연히 나도 언제 새로운 길을 찾아 나서야할까 싶어 불안하다. 그렇다면 디자인씽킹을 활용하여 '전문가'의 신분으로 월요일부터 금요일까지 하루에 1시간씩, 1주일에 5시간 일하고도 자신의 삶을 자유롭게 누릴 수 있는 방법을 생각해보자.

(1) 새로운 P2P 시대가 온다

P2P는 '동료(Peer To Peer)'라는 뜻이다. 주로 컴퓨터와 컴퓨터를 직접 연결해 별도의 서버 없이도 인터넷으로 사용자들끼리 파일, 문서, CPU 등을 공유할 수 있게 하는 기술이라고 백과사전에 정의되어 있다. 하지만, 지금 필자가 소개하려는 새로운 개념의 P2P는 '전문가와 개인을 연결(Professional To Person)한다'는 뜻이다.

사실, 우리 사회도 고도화·다원화·전문화되면서 전문가들의 활동

분야도 더 많이 늘어나고 있다. 또한 각 영역별 전문가들의 수도 급격히 늘고 있다. 반면, 일반 개인이 전문적인 서비스를 제공받으려면 전보다 더 많은 비용을 지불해야 한다. 그러니까 전문가가 많아져도 일반인이 전문적 서비스를 이용하는 데 필요한 비용은 증가한다는 모순이 이어지는 것이다.

하지만, 이러한 모순의 결과로 발생하는 잉여 수익은 전문가 개인이 아니라 그 전문가가 속한 조직의 몫으로 돌아가고 있다. 아울러 그 조직에 속한 채 열심히 활동하는 전문가는 많은 업무량으로 인해 개인적인 자유를 누리기가 더더욱 어렵다.

새로운 개념의 P2P는 이러한 상황을 변화시킬 것이다. 그 일환으로 고도의 전문성을 갖춘 전문가들이 그들이 가진 전문성을 더욱 저렴한 가격에 일반인들에게 제공하려는 시도가 나타나고 있다. 하지만, 여전히 더 많은 전문가들이 이러한 변화에 개별적으로 참여하지 못하는 이유가 있다. 마케팅·공급 시스템 등 개인으로서는 수행하기 힘든 지원 업무들이 너무 많기 때문이다. 큰 조직에 있을 때는 물이나 공기처럼 너무도 당연하게 지원받을 수 있던 이러한 업무들이, 막상 전문가가 개인 사무실을 내고 나면 갖추는 것조차 어렵다. 마치 지구 밖 우주도시에서 사는 것처럼 말이다.

만약 개인적으로 독립한 전문가들이 이러한 지원 업무 시스템을 공동으로 지원받거나 활용할 수 있다면, 그 전문가도 1주일에 5시간 일하고도 조직에서 받던 월급보다 더 많은 수입을 올릴 수 있을 것이다.

물론 나머지 시간에는 취미 생활을 즐길 수 있다. 한편, 조직을 통해서가 아닌 전문가 개인으로부터 직접 전문적 서비스를 제공받는 일반인들도 양질의 서비스를 더욱 저렴하게 제공받을 수 있을 것이다.

(2) 플랫폼* PDM**을 활용하라

위에서 언급한 지원 업무 시스템처럼 전문가 개인이 일일이 갖추기 어려운 공통 시스템은 플랫폼 형식으로 이루어져야 한다. 그리고 이미 많은 시스템들이 실제로 그렇게 이루어지고 있다. 그러니까 사무실, 법률, 회계, HR(조직/인사), 마케팅 등에 관한 양질의 다양한 플랫폼들이 이미 마련되기 시작했다. 이는 이러한 플랫폼에 대한 니즈를 파악하고 제공하는 서비스 스타트업들이 활발하게 생겨나고 있기 때문이다. 이와 관련하여 몇 가지 아쉬운 점들이 있으니, 다음과 같다.

① 각 플랫폼의 규모가 작아 널리 알려져있지 않다.

② 사용자의 니즈를 충분히 반영하지 못하고 있다.

③ 다양한 플랫폼들이 서로 자유롭게 소통·공유할 수 있는 확장성

---

* Platform, 고객과 서비스 제공자 및 이해관계자 간의 상호 작용을 촉진하면서 차별적인 이용 경험을 지속적으로 제공하는 선순환체계다. 원래 의미는 역에서 기차를 타고 내리는 곳이다.

** Platform Design Managemet. 플랫폼이 성공적인 역할을 수행하려면 반드시 갖춰야 하는 요건을 고객의 관점에서 분석하고 설계한 실행 가이드다.

을 갖춘 모델을 마련하지 못했다.

나중에라도 이러한 문제점들이 개선되어 전문가를 지원하는 전문 플랫폼 PDM이 활성화된다면, 더욱 많은 전문가들이 자유롭게 새로운 결심을 할 수 있을 것이다.

(3) 3D를 준비하라

이러한 새로운 P2P 시대가 왔을 때 자신의 꿈을 성공적으로 이루려면 이러한 시대에 맞는 지속 가능한 소득 창출 방안이 가장 중요하다. 이것은 다음과 같은 것들이다.

① Define Strength – 자신의 일을 핵심 역량 단위로 분석한다.

② Develop Customer – 내 역량이 필요한 고객을 찾는다.

③ Differentiate Value – 내 경쟁력을 차별화할 방안을 마련한다.

제5장

창조적인 리더로 거듭나게 해줄 디자인씽킹

창조적인 리더로 거듭나게 해줄 디자인씽킹

18. 리더가 보고를 받을 때
가장 먼저 확인해야 하는 2가지

(1) 아이디어보다 '고객의 경험'이 먼저다

보고는 '보고자와 보고를 받는 사람(리더)의 전쟁'이라고 한다.

보고자는 자신이 준비한 획기적인 아이디어를 이야기하느라 바쁘다. 그 아이디어가 뛰어나다는 것을 보여주기 위해 관련 데이터도 준비한다. 향후 3년간 회사에 얼마나 많은 새로운 매출과 수익을 가져올지에 대해 손익 분석 자료까지 지참한다. 대학에서 경영학을 공부할 때 배운 것으로 만든 경쟁 분석 자료나 시장 동향 자료까지 만들어 붙인다. 자기 기준에는 '완벽한 보고서'를 만든 것 같다. 깐깐한 상사도 흠을 잡지 못할 것이다. 보고를 받을 상사가 질문할 것들도 예상하여 관련 자료들도 첨부했다.

그런데, 정작 중요한 것이 빠졌다. 바로 이 아이디어가 제시하는 제품·서비스를 구매해줄 고객의 이야기가 그것이다. 누가 우리의 고객인지, 그 고객이 어떤 어려움을 가지고 있는지, 그 고객의 라이프 스타일은 어떠한지, 그 고객이 추구하는 가치는 무엇인지, 그 고객이 우리가 제시하려는 제품·서비스의 대체재로 현재 무엇을 사용하는지, 그럼에도 불구하고 어떤 절박한 어려움이 있기에 우리가 제시하려는 제품·서비스를 사용해야 하는지 등에 대한 내용이 생략되어 있다. 결국 보고자의 일방적인 주장들만 나열했을 뿐이다. 그러니까 자신의 경험에 기반한 직관을 '근거'로 제시한 아이디어일 뿐이자, 미래에 대한 자기만족적인 분석이다.

물론 보고를 받는 사람이 보고를 하는 사람과 유사한 경험과 직관을 가지고 있다면, 이 보고서는 완벽하다는 인정을 받고 채택될 것이다. 그러니까 보고를 받는 사람(리더)도 자기 자신이 만든 함정에 빠지는 것이다. 보고자의 주장을 뒷받침해줄 객관적인 사실이 없는데도 말이다. 그럼 그 객관적인 사실이란 무엇일까?

보고서에 담겨야 할 객관적인 사실은, 아이디어가 잘 구현된 이후 발생하는 매출이나 이익 관련 데이터가 아니다. "우리가 제시하려는 새로운 제품·서비스가 고객의 니즈를 만족시켜줄 수 있는가?"에 대해 답을 줄 수 있는 고객의 경험이다. 즉, 제품·서비스 기획자의 아이디어를 그것을 사용할 사람들의 경험으로 보완하지 않는다면, 그런 아이디어는 기획자 개인의 망상이 만든 일방적인 주장에 불과하다.

그러니 보고자에게서 새로운 아이디어를 보고 받은 리더는, 그 아이디어와 관련된 고객의 경험까지 반드시 요구해야 한다. 또는, 보고자가 새로운 아이디어를 제시하기 전에 고객의 경험에 대해 충분히 토의하는 시간을 가져야 한다. 그래야 핵심 문제를 정의한 후에 이를 해결할 수 있는 대안인 아이디어들을 리더와 보고자가 함께 평가할 수 있기 때문이다. 그렇지 않으면 '매력적으로 보이는 아이디어의 함정'에 빠지기 쉽다. 리더가 보고자보다 더 흥분하여 장밋빛 미래를 떠올리면서 성급하게 결정해서도 안 된다. 최종 의사 결정을 다른 사람에게 위임하지 못한다면 더더욱 그래야 한다.

아이디어만을 가지고 회의할 때 보고자가 기대하는 것과 리더가 기대하는 것이 다르다면, 시간을 낭비할 뿐인 논쟁으로 이어질 수 있다. 그리고 이럴 때에는 대개 리더의 의견이 우세하니, 보고자는 절망하여 의욕을 상실할 뿐이다. 회사로서는 이래저래 손해를 보는 셈이다.

반면, 아이디어를 제시하기 전에 고객의 경험에 대해 먼저 이야기하면, 회의 시간은 사실에 대한 토론과 정보 교환의 시간이 된다. 보고자도 리더도 기존에 몰랐던 정보는 서로 공유하고, 부족한 정보도 추가적으로 확인하게 된다. 말 그대로 '생산적인 토론 과정'이다. 이런 과정을 거치면서 정의된 '고객의 경험'과 고객이 가지고 있는 '절박한 문제점'은, 제품·서비스를 기획하는 사람이 창의적인 아이디어를 내놓게 해주는 디자인씽킹으로 이어진다.

(2) 핵심 문제를 반드시 확인하라

고객의 경험에 대해 토론할 때에는 일정한 생각의 틀을 가지고 접근하면 좋다. 그래야 차별화된 상품·서비스를 발굴할 수 있기 때문이다. 물론 단순히 '고객의 이야기를 들었다!'며 만족해서는 안 된다. 거기에서 우리 사업의 기회로 활용할 수 있는 요인을 찾아야 한다. 그럼 고객의 이야기에서 사업적으로 의미가 있는 핵심 문제는 어떻게 파악할 수 있을까? 그것을 위한 방법 6가지 방법을 아래에 소개하겠다.

1) 이 문제는 고객을 심층적으로 이해하여 나온 것인가?

이깃은 제품·서비스 기획자가 고객을 가능한 모든 방법을 통해 제대로 보았는가를 묻는 것이다. 사실, 고객의 경험에 대해 토론할 때 왜(Why?)로 시작하는 질문들이 나오지 않는가! 기획자는 더 이상 "왜?"로 시작하는 질문이 나오지 않을 때까지 고객을 충분히 이해했는지 자문해야 한다.

2) 이 문제가 고객에게 얼마나 절실한가?

고객은 자신의 어려움을 이야기할 때 더 많은 에너지를 사용한다. 예를 들어, 중요한 문제에 대해 이야기할 때는 큰소리로 이야기하거나 감정을 표출한다. 자신에게 어려움을 가져온 사항에 대해 여러 차례 반복하면서 언급한다.

고객은 정말로 절박하고 절실하게 생각하는 것에 대해 이런 식으로 흔적을 남긴다. 우리는 이러한 흔적을 적극적으로 탐색하고 발굴해야 한다. 이것이 새로운 제품·서비스 출시 후 성공 여부를 예상할 수 있는 표시가 될 수 있기 때문이다.

고객은 자신의 문제에 대해 아무도 적절한 해법을 제공해주지 않으면, 자신이 직접 그 해법을 찾아내거나 만들어내기까지 한다(이것을 워크어라운드Workaround라고 한다). 이는 종종 그 고객이 새로운 제품·서비스의 시장을 만든 뒤 고객들을 그곳으로 데리고 가거나, 주목해야 할 후발 주자로 떠오르는 상황으로 이어진다.

미국 벤처캐피털 기업인 Y콤비네이터Y-combinator의 공동 창업자인 폴 그레이엄도 고객의 절박함을 파악하면 사업 성공으로 이루어지는 것에 대해 다음과 같이 말했다.

"스타트업이 어떤 제품·서비스를 출시할 때에는 그 제품·서비스가 당장 필요한 예상 고객들이 있어야 한다. 이러한 초기 사용자들의 수는 적을 수도 있다. 하지만 이것은 당연하다. 만약 그러한 제품·서비스를 수많은 사람들이 원하고 있었다면, 진작에 다른 스타트업이 그런 제품·서비스를 내놓았을 것이니 말이다. 그러니 다음의 2가지 중 하나를 선택해야만 한다. ① 많은 사람들이 조금 원하는 것, ② 몇몇 사람들이 많이 원하는 것! 스타트업은 ②를 선택하는 것이 좋다."

폴 그레이엄의 이야기는 프로그래머의 이야기답게 그래프 이야기로 이어진다.

"일단, X축을 서비스를 원하는 사람, Y축을 서비스를 원하는 정도로 정의한다. 이 그래프에서 각각의 회사는 일종의 '구멍(hole)'으로 표현된다. 구글은 정말 깊고 넓은 분화구 같은 구멍일 것이다. 반면에 대다수의 스타트업들은 처음부터 그렇게 크고 깊은 구멍일 수 없다. 잘해봐야 넓지만 얕은 구멍이 되거나, 우물(well)처럼 좁지만 깊은 구멍이 될 것이다. 하지만 좋은 스타트업 아이디어들은 대부분 우물과 같은 모습을 가진다."

초등학생들도 잘 아는 성공한 기업들도 시작할 때는 작은 기업이었다. 그들의 사업 시작 동기도 그 당시 고객들이 절실하게 원하는 제품·서비스를 발견했기 때문이다. 물론 그런 제품·서비스를 찾던 고객은 그 당시에 아주 적었을 것이다. 하지만 고객의 절실한 문제를 해결해준 회사에 대한 소문은 금방 널리 퍼지기 마련이다. 혁신적인 스마트폰 같은 신제품을 만든 스티브 잡스가 전 세계의 젊은이들 사이에서 쿠바의 혁명가 체 게바라를 대신한 '혁명(혁신)의 아이콘'으로 떠오른 이유도 그 때문이다.

물론 평소에 '바깥 활동을 하면서 PC를 사용할 필요가 있었다' 같은 비슷한 어려움을 가지고 있던 더 많은 고객들이 스티브 잡스 같은 사업가의 지지자가 된다. 이들은 그 기업이 새로운 제품·서비스를 출시하면 자신의 블로그나 페이스북을 통해서, 혹은 직장이나 학교에서의 잡담 등을 통해서 열정적으로 알린다. 그 기업으로서는 마케팅 비용마저 절약할 수 있는 것이다.

3) 우리의 문제 해석이 경쟁사의 그것과 얼마나 다른가?

20세기 후반에는 "미국 학계나 기업에서 문제를 제시하고 그 해결책까지 내놓으면, 일본 기업이 제대로 상품화해 돈을 번다"라는 말이 있었다. 오늘날에는 이런 식으로는 앞서가기 어렵다.

차별적 경쟁력을 가지려면 스스로 문제를 정의하고, 자신이 만든 새로운 프레임으로 해답까지 제시할 수 있어야 한다. 그러니까, 지금 존재하는 동일한 사실들에서 새로운 시각과 해석을 만들어낼 수 있어야 하는 것이다. 기존의 해석들과 다른 점(Contrast)이 있는지를 확인해야 한다는 뜻이기도 하다.

그렇다고 해서 편집증적으로 '무조건 달라야 해!'라고 생각하면 곤란하다. 자신이 내린 '차별화되고 새로운 문제 해석'이 이치에 맞는 것인지, 현실적인 것인지도 꼼꼼히 따져봐야 한다.

4) 이 문제가 많은 사람들의 공감을 이끌어내는가?

새롭게 정의된 문제에 대한 사람들의 이해와 평가는 제각각이다. 어떤 사람은 공감해도, 또 어떤 사람은 안 그런다. 물론 '아…, 그래! 나도 그런 경험이 있어!' 같은 동병상련을 많이 이끌어낼수록, 이를 기반으로 삼아서 만든 제품·서비스가 시장에서 성공할 가능성도 높아진다.

하지만, 모든 새로운 문제들이 사람들로부터 이런 반응을 이끌어내기란 쉽지 않다. '그런 건 문제도 아니잖은가!', '원래 그런 걸 어떻게 하라고?' 같은 고정관념이 그만큼 무겁기 때문이다. 아니, 폴 그레이엄의 말대로 수많은 사람들이 그런 문제를 의식하고 있었더라면, 이미 그것에 대한 답도 만들어져 시장을 형성하고 있었을 것이다. 결국 중요한 것은 많은 사람들이 아니라 '의미 있는 규모'의 사람들이 우리가 찾은 새로운 문제에 공감하고 있는가이다.

5) 고객의 총체적 경험에서 나온 것인가?

제품·서비스를 기획할 때에는 고객의 어려움은 물론, 고객의 경험 전체를 함께 고려해야 한다. 즉, 니즈가 발생하게 되는 상황(Context)을 잘 표현해야 한다. 이 말은 "디자인씽킹과 서비스디자인을 한다면, 고객이 경험하는 과정에서 나타나는 어려움들을 정렬(Align)시키는 것에 대해 더 많이 고려해야 한다"는 뜻이다. 이런 작업은 새로운 제품·서비스가 성공할 가능성을 더욱 높인다.

6) 고객의 상황과 절박함을 잘 표현했는가?

마지막으로 핵심 문제를 표현하는 방법을 고려해야 한다. 핵심 문제는 하나의 완결된 문장으로 표현되어야 한다. 바로 위에까지 언급한 5개의 사항들도 명확히 드러내야 한다. 기획자가 주장하는 추상적 메시지와 구체적 사실이 한 문장으로 표현되어야 한다. 물론 고객의 상황과 절박함을 잘 표현하는 단어를 선택해야 한다.

19. 리더가 하지 말아야 할 2가지

(1) 청사진(최종 결과물의 모습과 구현 방법)을
미리 제시하지 말라!

"가장 멀리 날아가는 종이비행기를 접어주세요."

필자가 연수원 1층 대강당에서 참석자 270명에게 1분 동안 하도록 요청한 일이다. 모든 사람들이 주어진 시간에 과제를 완료하려고 열심이었다. 필자는 이렇게 덧붙였다.

"1분 후 모든 분이 일어나서 저를 향해 비행기를 날려 주세요. 이곳 연단까지 가장 멀리 날아오는 비행기가 우승입니다. 1등하는 비행기가 누구의 것인지 알 수 있도록 날개에 성함을 적어주세요."

1분이 지났다. 270명 모두 자신의 비행기를 날릴 준비를 갖췄다. 마침내 하얀 비행기들이 강당 안을 아름답게 장식하며 앞쪽으로 날아온다. 그런데 거의 모든 종이비행기가 똑같다. 마치 같은 공장의 조립 라인에서 출고된 270대의 비행기들 같다. 물론 어릴 때 접던 추억의 종이비행기의 모습이다.

하지만, 필자가 270명에게 원했던 것은 '멀리 날아가는 물체'였다. 그런데, 필자의 상상력의 한계로 인해 그것의 최종적인 형태를 '비행기'로 성급히 제시한 것이다. 심지어 '접어주세요'라고 말함으로써 제작 방법까지 한정지었다. 그러니 270명 모두 필자의 친절한(?) 안내에 따라 동일한 종이비행기를 제작한 것이다.

이후 필자는 '가장 멀리 날아가는 물체를 만들어주세요'라고 다시 요청했다. 결과는 완전히 달랐다. 어떤 사람은 준비된 종이 한가운데 100원짜리 동전을 놓고서 공처럼 단단하게 뭉쳤다. 그리고는 연단을 향해 힘차게 던졌다. 벽만 없었더라도 더 멀리 날아갔을 것이다.

이와 같은 상황은 우리가 속한 조직과 비즈니스 현장에서도 많이 보인다. 새롭고 혁신적이며 창의적인 결과를 원하는 리더도, 함께 일하는 사람들에게 최종 결과물의 모습은 물론, 심지어 구현 방법까지 미리 제시하는 경우가 많다. 그러나 이미 2500년 전에 《손자병법》의 저자인 손무는 "수도에 있는 왕이 전선의 일에 함부로 간섭하면 안 된다. 수도에서는 전선의 상황을 모르기 때문이다"라고 말했다. 손무의 말대로, 리더는 전지전능한 통찰력으로 우리가 지향해야 할 방향과 최종 결과물을 제시하는 사람이 아닌 것이다.

리더의 역할은 조직의 구성원들 중 그 누구도 가보지 않은 미지의 길로 나아갈 수 있도록 일하는 환경을 조성하는 것이다. 그러니까, 팀원들이 고객을 심층적으로 이해한 뒤, 핵심 문제를 해결하기 위한 다양한 아이디어를 구하고, 그러한 아이디어 중에서 최적의 해법을 선택하도록 인도하는 것이다. 세계적인 사회학자이자 네트워크 과학 전문가인 던컨 와츠의 《상식의 배반》에도 이런 글이 있다. 새겨두도록 하자.

> 기업의 사업 계획은 자주 실패한다. 그 이유는 거의 모든 경우 회의실에 모여 앉은 소수가 자신의 상식적 직관에 의해 자신들과 동기도 상황도 전혀 다른 수천, 수백만 명의 다양한 행동을 예측, 관리, 조작하기 때문이다.
>
> _던컨 와츠,《상식의 배반》, 45페이지, 생각연구소

(2) 먼저 아이디어를 내지 말고, 아이디어의 기준점과 방향성을 제시하라!

'리더가 모범을 보이는 것'은 대단히 중요하다. 우리 사회에서만이 아니라, 서양에도 '노블리스 오블리주noblesse oblige'라는 말이 있을 정도다. 그래서 늘 화려한 삶의 모습 덕에 전 세계 언론들과 네티즌들

의 주목을 받는 영국의 왕세자들은 늘 전쟁에 참가한다. 현 국왕인 엘리자베스 2세 여왕도 공주였던 제2차 세계대전 당시 일개 운전병으로 활동하면서 자신이 담당한 트럭을 직접 수리하기도 했다.

리더는 이러한 솔선수범을 실천하기 위해 회의 때 제일 먼저 예시적인 아이디어를 내놓곤 한다. 그러나 이것이 토론의 실마리가 되리라는 리더의 기대와는 달리, 회의실의 분위기를 이끄는 요소로 작용하기 마련이다. 그 결과 성급한 결과물이 나오는 경우가 많다.

디자인씽킹은 해결 방법을 찾아가는 '문제 중심의 해결 방식'이다. 그런데 리더가 먼저 아이디어를 제시하는 순간 이런 방식이 뒤집힌다. 리더가 이야기한 중요한 아이디어는 회의에 참가한 사람들의 '가설'이 된다. 결국 이 회의는 이 가설이 적절한지 검증하는 회의가 된다.

만약 이 가설이 적절하지 않다면, 회의에 참석한 사람 중 누군가가 다른 가설을 내놓아야 한다. 그러면 회의는 혼란에 빠진다. 그러니 리더는 아이디어를 내지 말아야 한다. 그 대신 아이디어를 내놓은 사람에게 '질문'해야 한다. 그 질문은 122페이지에서 소개한 6개의 핵심 문제 정의 방법을 따른 것이어야 한다. 즉, 다음과 같은 4가지 질문들이다.

① 우리의 고객은 누구인가?

② 그 고객이 가지고 있는 어려움은 무엇인가?

③ 이 문제는 고객에게 절박한 것인가?

④ 그 증거는 무엇인가?

이러한 질문들은 회의에 참석한 사람들이 더욱 몰입함으로써 의미 있는 결과물을 내놓도록 도울 것이다. 그러니까 질문에 대한 해답을 궁리하면서 학습하는 과정을 즐기고, 다양한 사실들을 연결해 새로운 연결점을 만들고, 고객에 대한 공감력을 키우고, 다양한 아이디어를 제안하는 등 자신의 역량을 발전시키도록 도울 것이다.

20. 아이디어 회의 시작 전 5분간
반드시 해야 하는 의식 3가지

(1) 리더가 앉는 위치를 확인한다

창의적인 조직에서 리더의 가장 큰 힘은 소통 방법에서 나온다.

반면 권위적인 조직에서 리더의 가장 큰 힘은 직책에서 나온다.

창의적인 조직의 '소통 방법'은 단순히 말하는 순간을 넘어서는 개념이다. 먼저, 창의적인 자질을 보유한 사람을 채용한 뒤 함께 일하는 사람들이 행복할 수 있도록 환경, 방법, 태도와 관련된 올바른 기준을 보여준다. 프로젝트에 참여한 사람들이 항상 배우고 성장할 수 있는 여건을 만든다.

이러한 것은 일상적인 소통의 시간에 직원들을 만나는 리더의 태도로 가능해진다. 이럴 때 리더는 조언하고 코칭하며, 발전을 위한 계획을 수립하고 올바른 질문을 해야 한다. 이를 위해서 리더는 먼저 직원들의 말을 잘 들어야 한다.

리더가 잘 듣기 위해서는 프로젝트를 담당하는 구성원들의 한가운데에 앉아있어야 한다. 그렇기 때문에 연단 앞이라든가, 회의 테이블의 가장 끝 자리는 피해야 한다. 그런 자리는 '나는 너희들(직원들)보다 더욱 높은 사람이다'라고 알리기 위한 자리일 뿐이다. 만약 회의를 한다면 모두가 마주보도록 의자들을 둥글게 배치한 뒤, 리더는 그 원의 한가운데에 앉는다. 이렇게 하면 회의에 참석한 모두가 서로 이야기하는 것을 듣고 토론할 수 있다. 때로는 리더를 포함한 모두가 의자없이 서서 회의하기도 한다. 훨씬 더 친밀해질 수 있다.

(2) 친밀한 관계를 형성한다

회의는 가벼운 이야기로 시작한다. 자리에 앉는 즉시 본론으로 들어가는 것은, 회의에 참석한 사람들이 스스로를 방어하기 위해 다른 이들을 공격하도록 만든다. 겨울에 자동차의 시동을 걸 때처럼 두뇌를 예열할 시간도 필요하다. 서로가 충분히 이야기 할 준비가 되었을 때 아이디어 회의를 본격적으로 시작한다.

(3) 'Yes, and'를 실천한다

회의 참석자들의 이야기에 대한 리더의 첫 마디가 중요하다. 예를 들면 다음과 같은 응답 패턴을 유지하려고 노력한다.

　① 그렇군요. 그래서~?

　② 그렇겠군요. 그 이후는~?

　③ 그렇겠네, 그리고~?

"그렇군요", "그거 이해되네요", "그렇겠네" 등은 먼저 상대방의 이야기를 인정한다는 신호다. '내가 당신의 이야기를 듣고 있고, 당신이 이야기한 것이 중요하다는 사실도 알고 있어요'라는 뜻을 담고 있다. 이러한 내 신호에 상대방은 '아, 리더가 나를 인정하고 있어! 리더가 나를 인정해주고 있다고!'라며 감격하고 고무된다.

물론 "그래서~", "그러면~", "그리고~" 같은 접속사 뒤의 말도 아주 중요하다. 상대방이 한 이야기를 내가 제대로 이해하고 있는지 확인하는 행위이기 때문이다. 일반적인 리더들은 이쯤에서 자신의 경험을 이야기하거나, 회의에 참석한 직원들에게 조언이나 충고 등을 해줌으로써 쉽게 결론을 맺고자 한다. 이렇게 되면 대화는 다시 단절되고, 엄숙한 분위기로 되돌아간다.

21. 불확실성을 즐기는 조직을 만들어라

형태가 없는 것이나 미리 검증되지 않은 것, 혹은 경험적 증거 없이 어떤 것을 믿거나 받아들이는 것을 '믿음의 도약(A leaf of faith)'이라고 한다. 그러니까 직접 눈으로 보거나 확인한 것이 아니더라도 믿고 따른다는 것이다.

이런 '믿음의 도약'을 가장 쉽게 체험할 수 있는 행위가 단체 행사에서 자주 하는 '눈 감고 뒤로 넘어지기' 놀이다. 책상이나 의자 등 높은 곳에 올라간 다음 두 팔을 서로 겹쳐 가슴에 대고 눈을 감는다. 그리고는 미리 해둔 약속에 따라 나를 받아줄 사람들을 향해 뒤로 넘어지는 것이다. 이러한 놀이를 처음하는 사람은 선뜻 넘어질 수 없다. 내가 뒤로 넘어졌을 때 무슨 일이 일어날지 모르기 때문이다. 다른 사람이 어떻게 하는지 2~3번 확인한 뒤에야 머뭇거리며 따라한다.

조직도 마찬가지다. 일반적으로 '지금 무엇을 만드는가(하는가)?', '그것이 어떤 결과를 가져올까?' 또는 '내게 얼마나 유익할까?'를 명확히 알려주면 참여하는 사람들의 자발성을 기대할 수 있다. 특히 창조적 활동보다는 안정을 추구하는 조직일수록 이러한 경향이 강하다.

디자인씽킹은 이와 달리 해답을 찾아가는 과정이다. 그렇기 때문에 형태를 알 수 없고, 결과물을 미리 검증해볼 수 없으며, 지금까지 누구도 경험해보지 못한 새로운 것을 창조해나가는 과정이다. 그러니 디자인씽킹 방법론을 적용하려는 조직의 리더는 구성원들이 불확실한 상황에서 최선의 결과물을 구할 수 있도록 조직 구조를 개편하고 관련 문화도 조성해주어야 한다. 이를 위한 사전적 고려 사항은 다음과 같은 5가지다.

① 최종 고객들을 만난다. 그들이 공감할 기회를 제공한다.

② 원하는 해답은 '즉시'가 아니라 '시간이 지나면 찾게 될' 것이라는 사실 때문에 초조해하면 안 된다.

③ 인사이트와 창조적 아이디어를 만들어낼 수 있는 자질을 갖춘 사람들이 참여하게 한다.

④ 단 1명의 수퍼스타를 찾고 추거주기보다, 조직 전체가 팀워크를 발휘하도록 문화를 조성해야 한다.

⑤ 좋은 결과는 물론 업무를 통한 학습의 과정도 인정해주어야 한다.

22. 조직의 평가 보상 체계를 변경하라

일반적인 조직은 매출을 많이 올리거나 목표 이익을 달성한 경우에 우선적으로 포상한다. 그러나 리더십 권위자이자 가족공동체 전문가인 스티븐 코비는 저서 《성공하는 사람들의 7가지 습관》에서 "생산품(Production)과 생산력(Production Capability)의 균형을 이루라"고 주장했다. 그 예로, 황금알을 낳는 거위를 가진 농부 이야기를 들었다.

황금알은 생산품이고, 거위는 생산력이다. 더 많은 황금을 얼른 가지려 했던 농부는 거위의 배를 갈랐다. 하지만, 거위의 뱃속에는 황금이 없었다. 농부는 매일 황금알을 낳아주던 거위를 잃었다.

이와 마찬가지로, 디자인씽킹 방법론을 통해 지속적으로 창조적인 결과물을 얻으려는 조직은 결과물뿐만 아니라, 다음과 같은 5가지 항목들을 함께 고려해야 지속적인 발전을 이룰 수 있다.

① 고객이 얼마나 행복했는가? – 고객

② 프로젝트의 결과물이 얼마나 새롭고 창의적이었는가? – 결과물

③ 해당 프로젝트 팀이 회사가 추구하는 문화를 잘 유지했는가?

　– 조직의 문화

④ 일을 수행하는 기간 동안 팀워크가 얼마나 좋았는가?

　– 프로젝트 매니지먼트

⑤ 참여했던 구성원들의 역량이 얼마나 발전했는가? – 학습과 역량

제6장

새로운 상품 기획이 성공하도록 도와주는 디자인씽킹

23. 신상품을 기획할 때 자주하는 실수 3가지

생산이 결정된 신상품을 양산하기 위해 자원을 투입하는 단계는, 담당 기획자들에게 크나큰 기대와 설렘과 함께 두려움도 가져다준다. 물론 그에 앞서 새로운 상품·서비스를 기획하겠다고 결정하게 된 계기는 다양하다. 평소에 관심을 가지고 관찰하던 분야에서 새로운 기회를 발견했거나, 사회적·문화적 트렌드에서 미래 비전을 발견했기 때문이다.

사실, 새로운 상품·서비스 기획은 개인과 조직의 통찰력으로 달성된다. 일상에 대한 관심으로 이루어지는 번뜩이는 발견과 그것에 대한 통찰은, 신상품 기획과 추진 과정에서 겪는 많은 어려움과 장애를 극복하는 에너지가 되기도 한다. 그러나, 많은 기업의 관리자들 및 담당 직원들이 빈번하게 경험하는 시행착오도 많다. 다음은 그중 3가지다.

① 기획자가 가장 먼저 하는 시행착오는 내가 겪은 불편과, 그 불편의 정도를 다른 사람들도 동일하게 느낄 것이라고 가정하면서 시작된다. 그리고 이를 기반으로 기획서를 작성하는 것이다.

② 기획자는 아이디어가 떠오른 그 순간에 바로 개발 부서 사람들과 미팅하여 시제품을 제작할 방법을 탐구한다. 하지만 그보다 먼저 컨셉 구상을 완전하게 이루어야 한다.

③ 어떤 기획자는 자신의 아이디어를 다른 직원들과 공유하지 않으려고 한다. 자신의 아이디어를 다른 직원이 차용해 공을 세울까봐 두려운 것이다. 이로 인해, 그 아이디어와 관련된 전문가라든가 이 사업에 대한 이해도가 높은 사람의 피드백을 구하지 못한다. 결국 혼자 기획서를 작성하거나 팀 내부의 가장 믿을 만한 몇몇 사람에게만 의존하다보니, 좋은 기획안이 나올 수 없다.

24. 신상품 기획을 위해 따라야 할 7가지 과정

일리노이 공과대학의 비제이 쿠마 교수는 저서 《혁신 모델의 탄생》에서 디자인씽킹을 통한 7개의 혁신 과정들을 제시했다. 그 과정들은 다음과 같다. 일단 기획자는 통찰이나 경험을 통해 아이디어가 떠올랐으면, 다음의 7가지 과정을 거치면서 자신의 아이디어를 점검해야 한다. 이 7가지 과정들은 의외로 빠른 시간 내(약 2주)에 실행할 수 있다. 이를 통해 시행착오를 크게 줄일 수도 있다.

(1) 목적을 탐지하라(Sense Intent)

이 단계는 새로운 상품·서비스를 만들겠다고 결심하는 시점이
다. 이 단계에서 기획자는 좋은 아이디어나 주제를 떠올린다. 주의
해야 할 점은 이 단계 뒤 성급하게 '(5) 아이디어를 탐험하라(Explore
Concepts)' 단계로 건너뛰어서는 안 된다는 것이다. 아직 아이디어가
충분히 성숙되지 않았기 때문이다. 그러니 이 단계에서 기획자는 반
드시 다음과 같은 3가지 작업을 해야 한다.

① 내가 구한 아이디어와 관련된 산업에서 지금 무슨 일이 일어나
   고 있는가? 이에 관한 전문 자료를 읽어볼 시간이 없다면, 포털
   사이트에서 검색어를 활용해 주요한 이슈를 파악한다.
② 포털사이트 또는 앱마켓을 검색하여 내 아이디어와 동일하거나
   유사한 아이디어를 최대한 많이 찾아본다. 생각과 달리 여러 개
   를 발견할 수 있을 것이다. 사람들의 마음이란 상당히 비슷하기
   때문이다. 동일하거나 유사한 아이디어가 보이지 않는가? 그렇
   다고 해서 기뻐해서는 안 된다. 그만큼 고객의 니즈가 없는 분야
   일 수도 있다. 동일하거나 유사한 것이 많다고 실망할 필요도 없
   다. 그만큼 고객의 니즈를 충족시킨 신제품이 없다는, 내가 개척
   할 수 있는 시장이 있다는 뜻이기도 하다.
③ 최신 기술, 정책, 트렌드 관련 자료를 모아본다.

이러한 자료들을 모두 검토한 뒤, 이것의 진정한 의미와 위치를 다시 한 번 객관적으로 살핀다. 이 단계에서는 마음 속으로 "독수리의 눈으로 보아라!"라고 외친다. 독수리처럼 하늘 높은 곳에서 보면 땅 위의 모든 것들을 한눈에 볼 수 있기 때문이다. 즉, 유사한 자료들을 찾다보면 하늘을 나는 독수리처럼 관련 사업에 대한 총체적인 시각을 가지게 된다.

(2) 맥락을 파악하라(Know Context)

이 단계에서는 내가 선택한 주제나 아이디어와 관련해 "고객이 어떤 경험을 하는가?", "그러한 경험을 하는 고객들은 어떤 서비스를 사용하는가?", "경쟁 회사는 어디인가?" 등을 다른 직원들과 함께 파악하는 단계다. 이 단계를 거칠 때에는 내 아이디어가 최종적으로 현실화되었을 경우 시장에서의 위치까지 입체적으로 파악해야 한다.

(3) 사람을 이해하라(Know People)

이 단계에서는 '타겟 고객'을 정의하고 인사이트를 얻기 위해 고객의 삶의 현장으로 들어간다. 그곳에서 고객이 불편해하고 있는 점, 고객의 충족되지 않은 니즈를 파악하는 것이다.

그 과정에서 고객들이 대화나 행동을 통해 서로에게 전달하는 메시지를 잘 관찰하여 힌트를 구한다. 그 다음에는 의미 있는 자료를 모아서 분석한다. 여기서 '의미 있는 자료'란 다음과 같다.

① 기존에 내가 몰랐던 사실
② 특별히 인상 깊었던 사항
③ 고객의 에너지가 표출되게 하는 것

(4) 통찰을 구조화하라(Frame Insights)

이 단계에서는 타겟 고객들을 만나면서 확보한 의미 있는 자료를 활용해 타겟 고객들의 행동의 패턴을 파악하고 분석한다. 그럼으로써 문제의 본질을 이해하는 단계가 바로 이 단계다. 이 단계에서는 아직 개발되지 않은 기회를 찾을 수도 있다.

이 단계에서 중요한 것은, 타겟 고객들로부터 확보한 자료의 의미를 정확하게 분석하는 것이다. 분석과 통찰의 결과물은 결국 분석자의 주관적인 주장이기 때문이다. 이것이 다른 직원들로부터도 타당하다는 인정을 받으려면, 타겟 고객이 이야기한 것과 분석결과물 사이의 강한 논리적 연결성을 보여주어야 한다.

그렇지 않으면 타겟 고객의 이야기와는 전혀 동떨어진, 기획자 자신의 일방적인 주장을 펼칠 위험성이 있다. 그래서 이 과정에서는 분석과 통찰의 결과물을 효과적으로 전달하기 위한 시각적 표현물인 프레임워크Framework도 만들어야 한다.

(5) 아이디어를 탐험하라(Explore Concepts)

이 단계에서는 (4)단계에서 정의한 핵심 문제를 바탕으로 이를 해결할 수 있는 창의적인 아이디어를 최대한 많이 이끌어내야 한다.

이 단계에서는 비판적인 평가를 최대한 억제하면서 각자의 아이디어에 살을 더한다. 그럼으로써 새롭고 다양한 아이디어들을 탐구한다.

(6) 해법(컨셉)을 구성하라(Frame Solutions)

이 단계에서는 중심 아이디어를 기준으로 새로운 아이디어를 완성시킨다. 즉, 타겟 고객들과 주요 이해관계자들에게 가장 큰 가치를 주는 것이 무엇인지를 확정하고 정리하는 과정이다.

그래서 다양한 아이디어를 선정할 수 있는 디자인 원칙과 평가 기준(실현 가능성, 원가 대비 효율, 차별성) 등을 세운 뒤 직원들끼리 투표해 우선 순위를 정한다.

(7) 결과물을 실현한다(Realize Offerings)

　이 단계에서는 시제품을 만들고 세부 실행 계획을 수립한다. 시장에서의 위치, 마케팅 때 활용할 메시지(카피), 개발 계획, 플랫폼, 협력 파트너, 재무 계획 등 실행에 필요한 자원을 모으고 예산과 일정을 수립해 시장 출시 계획을 세운다.

25. 신상품 기획 사례

(1) 대리운전을 부르는 가장 빠른 방법

　　– 버튼대리

“대리운전이죠? 분당까지 대리 한 대 부탁합니다?”

“네, 거기 어디시죠?”

“종로입니다.”

“네, 종로에서 분당까지 2만 5천 원입니다.”

“그래요? 다른 데는 2만 3천 원이었는데?”

“네, 그럼 2만 3천 원에 모실게요. 정확한 위치를 말씀해주세요.”

“네, 종각역 사거리에서 종로3가역 방향에 있는 ○○일식집입니다.”

“네, 알겠습니다. 곧 배차하겠습니다.”

5분 후

“안녕하세요? 대리기사입니다. 제가 종각역 근처에 왔는데요, 정확한 위치가 어디세요?”

“네, 종각역 아세요? 종각역 4번 출구에서 보시면 편의점이 있습니다. 그 편의점 뒤로 돌아오시면 ○○일식집이 보입니다. 그 앞에 있습니다.”

“네, 알겠습니다. 지금 그리로 가겠습니다.”

3분 후

“제가 일식집 앞에 와 있습니다.”

“네, 지금 저도 그 앞에 있습니다.”

전화번호를 통해 대리운전기사를 부를 때에는 위와 같이 최소 3회 이상 통화해야 한다. 더군다나 술에 취한 상태에서 말이다. 물론 그 전에 대리운전기사의 전화번호를 찾아야 한다. 그래서 고객들은 1577-×××× 같은 대표전화번호를 가진 대리운전회사들을 이용한다. 기억하기 쉽기 때문이다. 대리운전회사들도 그 점을 잘 알기에 그것에 맞춰 전화번호를 만들고 홍보도 한다.

헌데 고객의 불편을 2수, 3수 더 내다보고 비즈니스를 하는 대리운전화사도 있다. 스마트폰 앱으로 대리운전을 부르는 '버튼대리'가 그것이다. 버튼대리 앱에서 '콜Call'이라는 버튼만 누르면 고객이 있는 위치까지 바로 대리기사가 오는 것이다. 즉, 기존에 3회 이상 통화해야 하던 과정이 생략된 것이다. 술 취한 고객이 자신의 위치, 목적지, 요금 등에 대해 말을 하지 않아도 된다. 버튼대리의 창업자는 기존의 대리운전 이용 고객이 겪는 불편의 핵심을 파악했다. 전화번호를 찾고, 위치를 설명하고, 요금을 협상하는 과정이 술에 취한 상태에서 전화로 이루어진다는 점이었다. 버튼대리는 대리운전을 부르는 과정과 행위가 가장 간단하게 이루어지도록 했다.

여기서 우리가 주목할 점은 바로 이것이다. 즉, 버튼대리의 창업자가 대리운전과 관련된 새로운 비즈니스 기회를 찾을 때 생각했던 것은, '어떻게 하면 고객이 대리운전 전화번호를 더 외우기 쉽게 홍보할 수 있을까?'가 아니라, '어떻게 하면 술 취한 고객이 대리운전을 간단하고 빨리 부르도록 도와줄 수 있을까?'였던 것이다. 이렇게 핵심 문제를 정의한 뒤, 그것을 실현하기 위한 해법을 찾기 시작했다.

버튼대리의 창업자가 찾아낸 해법은 의외로 간단했다. 한 번의 터치로 기존의 대리운전 부르기 과정들을 모두 달성하는 3가지 핵심 기술을 개발한 것이다.

① 실내 위치 추적 기술이다. 고객들이 대리운전을 부르는 장소가 거의 대부분 술집이나 음식점 내부 등 '실내'라는 점에 착안했다.

실제로 버튼대리 앱을 실행해보니 실내 위치를 정확하게 인식했다. 바로 이 실내 위치를 알려주는 프로그램도 기존 기술을 활용한 것이다. 일반적으로 휴대폰은 실외에서 사용될 때 위성위치추적장치(GPS)로 계속 현재 위치를 확인한다. 그러나 휴대폰 이용자가 실외에서 실내로 들어갈 때는 '포인트Point'를 확인함으로써 위치를 확인한다. 버튼대리의 창업자는 여기에 실내에서 사용하는 와이파이WiFi 기술을 접목시켰다. 이로써 고객의 실내 위치까지 정확하게 추적할 수 있게 된 것이다.

② 최적 요금 알고리즘을 적용했다. 버튼대리는 시간대별, 목적별, 위치별로 최적의 요금을 미리 계산해낼 수 있도록 빅데이터를 활용했다. 그래서 고객이 버튼대리 앱의 '콜' 버튼을 누르는 순간 대리운전 요금을 실시간으로 확인할 수 있다. 버튼대리의 이용 요금은 다른 대리운전 요금보다 1,000원 정도 비싸다. 하지만 '술에 취해 정신 없을 때 아주 편리했다'고 느낀 고객의 경험이 이러한 금액 차이를 충분히 받아들이도록 하고 있다.

③ 대리운전 주행 기록을 앱에 저장함으로써 출발지에서 목적지까지 운행한 경로를 고객이 언제든지 확인할 수 있게 했다. 그래서 정신이 멀쩡해진 고객이 무슨 일은 없었는가 확인하고 안심할 수 있게 했다.

'콜럼버스의 달걀'이라는 말이 있다. 크리스토퍼 콜럼버스가 신대륙을 발견한 업적을 질투하는 사람들이 있었다. 그들을 식사에 초대한 콜럼버스가 "여러분 앞에 놓인 삶은 달걀을 뾰족한 쪽을 밑으로 해서 세워보십시오"라고 권했다. 아무도 세우지 못했다. 콜럼버스가 식탁에 뾰족한 쪽을 충돌시켜 평평하게 만든 뒤 세웠다. 앞서 달걀을 세우지 못했던 사람들이 "그런 식이라면 누가 못 세우겠소?"라고 힐난했다. 그러자 콜럼버스는 "하지만 이 방법을 처음 생각해낸 사람은 바로 접니다"라고 대답했다. 손님들 모두 자리에서 일어나 박수를 쳤다.

아마 독자 여러분도 이 버튼대리의 사례를 보면서 콜럼버스의 달걀 같다고 생각했을 것이다. 그러면 필자도, 독자 여러분들도 이렇게 쉬운 것을 왜 먼저 기획하지 못했을까?

일반적인 경우 창업을 하려는 기획자는 비즈니스 모델과 아이디어에 집중한다. "어떻게 하면 대리운전 사업으로 돈을 많이 벌까?"라고 궁리한다고 해보자. 그러면 다음과 같은 생각들이 꼬리를 문다. "전화번호 한 콜당 들어오는 수익을 극대화할 방법은 뭘까?", "비용을 최소화할 방법은 뭘까?" 등을 고민한다. 그 과정에서 다른 대리운전회사를 벤치마킹한다. 그러다 보면 "어떻게 하면 더 기억하기 쉬운 전화번호를 확보할까? 그리고 그것을 어떻게 홍보할까?" 같은 고민을 하게 된다. 결국 고객들이 보기에는 새로운 대리운전회사도 기존 회사들과 다를 게 없다.

버튼대리의 창업자는 콜럼버스가 달걀을 세울 때처럼 다르게 접근했다. 일단, 고객의 경험을 탐구했다. "대리운전을 이용하는 고객들은 어떤 경험을 하고 있는가?", "대리운전을 이용할 때마다 어떤 어려움에 처하는가?", "대리운전회사는 그 어려움을 해결해주기 위해 어떤 노력을 하는가?" 등을 먼저 확인했다. 버튼대리의 창업자는 이렇듯 고객들의 니즈를 철저하게 파악했다. 그는 필자에게 이렇게 말했다.

"고객의 불편사항이 무엇인지를 먼저 확인하고, 개선하고자 했습니다. 그 이후에도 고객 조사를 계속하여 불편 사항을 개선했지요."

이렇듯 고객들의 진정한 어려움을 찾아내고, 그 핵심을 개선하고자 노력하는 기업인에게 시장은 성공의 기회를 열어준다. 바로 버튼대리가 대리운전 앱에서 1등을 달리고 있듯이 말이다.

(2) "인테리어는 이제 집닥맨에게 맡기세요!"

"인테리어 중계업체를 통해 저희 집 인테리어를 다시 했어요. 지금 또 A/S를 받아야 하는데, 아내가 연락을 못하게 합니다. 공사 완료 후에 아내가 그 인테리어 업체와 대판 싸웠거든요."

집 인테리어를 위해 시공업체를 소개받았던 고객의 경험담이다. 시장 규모가 무려 18조 원이나 되는 인테리어 시장에서 이렇듯 고객을 만족시키는 사업자가 아직도 없다는 것이 기이하다. 그런데 필자는 최근에 블로그들을 검색하다가 재미있는 이야기 하나를 읽었다.

'세상은 아직 살만한가 보다 – 친절한 집닥아저씨' 라는 제목의 이글 내용은 이러했다. 한 여성이 화장실 수납장을 하나 샀다. 기존 것을 떼고 달기만 하면 되는데, 여성 혼자 하기가 어려웠다. 여러 인테리어 업체에 전화했지만, 자기네 물건이 아니면 설치를 할 수 없다고 했다. 설치해준다는 곳을 간신히 찾았지만, 추가요금을 요구했다. 고민 끝에 그곳에 다시 연락했더니, 연락이 안 된다. 검색하다 지칠 때쯤 '집닥'을 발견했다. 전화로 사정을 이야기했더니 반대편에서 들려오는 이야기가 이러했다.

"알아보느라 고생 많이 하셨죠? 제가 곧 설치해드릴테니 끝나고 물 한 잔만 주세요."

여성은 자신의 귀를 의심했다. 그런데 요청을 했더니 정말 집닥 직원이 왔다. 이런저런 연장들을 챙겨서 말이다.

'그래, 내가 필요한 게 이런 거였어.'

더위를 많이 탄다는 집닥 아저씨에게 사과 주스 한 잔을 건넸더니, 바로 작업을 시작했다. 서랍장은 물론 전구도 봐주고, 조명도 설치하는 등 이것저것 모두 점검해주었다. 심지어 주방의 레일 조명까지 완벽하게 손을 봐주었다.

그 집닥 직원이 일하는 동안 여성은 계속 감사하다고 했다.

작업이 끝난 뒤 여성은 그 직원과 이야기를 나누었다. 그리하여 집닥이 인테리어 업체를 연결해주는 중개업체라는 것도 알게 되었다고 한다. 이 블로그 글은 집닥에 감사하는 마음을 담은 후기라고 했다.

집닥의 마케팅 방법은 참 특이하다. 다른 인테리어 중개업체들은 온라인 광고나 유사 업체와의 제휴를 통해 광고를 많이 한다. 그런데 집닥은 이렇듯 인테리어 관련 어려움이 있는 고객을 직접 찾아가서 문제를 해결해준다. 더군다나 수익이 나지 않기에 다른 업체들은 관심을 가져주지 않는 소품 설치 같은 일도 해준다. 위 사례와 같은 여성 고객들에게는 집닥맨이 '산사태가 휩쓸 곳에서 차가 고장나 오도가도 못하는 자신을 구하러 날아온 슈퍼맨'처럼 보일 것이다.

인테리어 중개업체를 통해 인테리어 시공을 의뢰했던 많은 고객들은 이구동성으로 이렇게 말한다.

"정말 큰돈 드는 공사인데, 믿고 맡길 업체 찾기가 정말 어려워요."

"공사 들어갈 때 쓰는 자재가 처음 이야기했던 것과 다르더라고요. 시공하면서 공사 금액을 자꾸 올려달라고 하고요."

"시공 후 하자가 계속 발생했는데도 A/S를 안해주더군요."

이런 일이 발생하는 이유는 인테리어 중개업체는 중개만 하기 때문이다. 그러니까 시공에 대해서는 고객이 시공업체와 직접 대화하게 하고 있기 때문이다. 그러나 고객이 중개업체를 통해 알게 된 인테리어 업체를, 그리고 중개업체를 신뢰하도록 해주려면 먼저 대화를 통해 신뢰감을 심어주어야 한다.

하지만, 집닥은 다르게 접근했다. 먼저 고객의 마음을 얻는 일부터 시작한 것이다. 위의 사례에서처럼 직접 발로 뛰면서 말이다.

집닥의 차별점은 또 있다. 바로 공사 후 A/S기간을 3년으로 정한 것이다. 집닥을 통해 인테리어 공사를 받은 고객은, 공사 완료 후 3년간 언제든지 점검과 서비스를 받을 수 있다. 공사 진행 과정에서 '집닥맨'이라는 현장 담당 직원이 직접 현장을 방문해 시방서대로 공사를 진행하는지 꼼꼼하게 확인한다.

이러면 시공업체가 싫어하지 않겠느냐고? 하지만 시장의 반응은 정반대다. 기존에는 시공을 완료한 뒤에도 고객이 A/S 등을 핑계로 공사 대금을 완불하지 않는 경우가 많았다. 이제는 고객들과 늘 소통하는 집닥맨이 공사 대금까지 대신 받아서 시공업체에 전한다. 그러므로 시공업체로서는 안심하고 공사에만 전념할 수 있게 되었다.

하지만, 시공업체가 집닥을 환영하는 이유는 따로 있다. 일반적인 경우 온라인과 모바일을 통해 견적을 의뢰한 고객들 중 상당수가 실제로는 해당 시공업체에 공사를 맡기지 않는다고 한다. 그러나 집닥에서 소개한 고객들은 그런 경우가 적다.

그래서 필자는 집닥과 기존 인테리어 중개업체의 특성을 비교했다.

가장 큰 차이는 다른 중개업체들은 집닥과 달리 '내가 직접 고객의 입장에 서보기(Be the customer)'라는 과정을 생략하고 그냥 '사업으로서의' 중개 비즈니스를 해왔다는 점이다. 그래서 고객의 진정한 어려움이 어디에 있는지, 고객이 무엇을 절박하게 원하는지 같은 '직접 현장으로 들어가 보지 않으면 알 수 없는 것'들을 파악할 수 없었다. 그러니까 중개업체의 대표들이 인테리어 시공업체를 직접 경영해본 경험도 없다보니 '귀찮고 힘든 일'은 생략한 것이다. 그러나 고객들은 그런 사실을 모두 알고 있다. 고객의 입장에서 생각해주기보다, 고객을 그냥 돈벌이 대상으로 본다는 것을 아주 잘 알고 있다.

중개업체를 차려서 성공하고 싶은가? 그렇다면 집닥과 달리 '어렵고 귀찮은 일은 시공업체나 고객에게 맡기고, 나는 중간에서 쉽고 폼 나는 일만 해야지!'라고 마음을 먹으면 절대 안 된다. 집닥맨들처럼 현장에 직접 서야 한다.

(3) 엔지니어의 전문성을 배달하는 엔지니어스

O2O를 아는가? '온라인에서 오프라인으로(Onine to Offline)'라는 뜻이다. 새로운 제품·서비스에 관한 정보를 값싸게 유통시킬 수 있는 온라인(인터넷) 공간과, 실제로 구매 활동이 이루어지는 오프라인(실생활) 공간을 결합시킨다는 마케팅 신조어다. 즉, 네티즌인 고객들이 오프라인상의 서비스를 편리하게 사용하도록 해주는 플랫폼인 것이다.

이러한 O2O 비즈니스가 배달, 택시, 숙박, 결제 등에 더해 세탁과 세차 등 생활 밀착형 서비스로까지 확대되고 있다. 그런데 '콜럼버스의 달걀'과 같은 새로운 형태의 O2O사업 아이템을 활용한 회사가 생겨났다. 바로 엔지니어스ENGINEER'S이다. 엔지니어스는 고객이 원하는 시간과 장소에 자동차 관련 전문 엔지니어들이 방문해 자동차의 엔진오일과 소모품을 직접 교환해주는 서비스다. 그럼 이쯤에서 기존의 엔진오일 교환을 위한 고객 경험을 살펴보자.

'이 차 엔진오일 언제 갈았지? 슬슬 갈아야 할 텐데, 언제 하지?'

그리고는 주변 카센터 전화번호와 위치를 포털사이트에서 검색한다.

"거기 카센터죠? 이번 토요일에 엔진오일 교환하려고 하는데, 예약 가능합니까?"

"네, 토요일에 교환하시려면 3주는 기다려야 하는데요. 혹시 평일에 시간 되시면 바로 예약 가능합니다."

"아니, 평일이라니! 회사는 어떻게 하라고? 그렇다고 3주 더 기다릴 수도 없고! 그래, 이번 주 수요일이 비번이니, 오전에 교환하자."

이렇듯 차량 엔진오일 교환은 '번거롭고 불편한 일'처럼 느껴진다. 그렇지만 차를 오래 쓰려면 반드시 해야 할 일이다. 엔지니어스는 이런 사실에서 기회를 발견했다.

이 이야기에서처럼 기존에는 엔진오일을 포함한 차량의 소모품 교환에 대해서는 정비업체가 장소와 시간을 결정했다. 엔지니어스는 고객이 선택할 수 있게 했다. 그러니까 전문 자격증을 보유한 엔지니어들이 고객이 원하는 시간과 장소를 직접 방문하는 것이다. 그러니까 이런 식이다.

"안녕하세요, 엔지너어스에서 왔습니다. 엔진오일 교환 요청하셨죠? 지금 지하 주차장입니다. 차 키를 가지고 내려와주시면 됩니다."

"네, 안녕하세요? 제가 지금 저녁밥 준비 중이라서요. 제가 없어도 될까요?"

"네, 그럼 댁에 계시면 완료 후 연락드리겠습니다. 엔진오일은 이 차에 적합한데다 가격도 적절한 M사의 ×오일을 사용하겠다고 하셨지요? 교환 시간은 약 30분 정도 걸릴 겁니다."

엔지니어스의 직원은 현장에서 직접 고객의 이야기를 듣는다. 그 덕에 고객은 엔진오일 교환을 위해 별도의 시간을 내 직접 카센터를 방문한 뒤, 그곳에서 기다리기까지 하는 번거로움을 겪지 않아도 된다. 또한 엔지니어스의 직원들은 해당 차량에 대한 기본적인 사항까지 점검해 차량 소유주에게 알려준다. 특히, 차량에 대한 전문적인 지식이 부족한 여성들은 전문 엔지니어가 그 자리에서 차량을 점검해 주니 더욱 신뢰할 수 있다고 한다. 이렇게 집이나 사무실을 방문해 엔진오일을 교환해도 비용은 오히려 저렴하다. 카센터라는 시설에 관한 비용이 안 들기 때문이다.

그러면 왜 다른 사람들은 이런 서비스를 생각하지 못했을까? 사실, 서비스 개발자 등을 비롯한 자동차 운전자들은 자신이 겪는 불편함을 '으레 당연한 것'으로 여긴다. 하지만 엔지니어스의 서비스처럼 이러한 불편을 개선한 서비스나 제품이 출시되면 '아! 그거 참 불편했었는데!'라고 깨닫는다. 심지어 새로운 서비스나 제품을 사용한 지 한참 뒤에 더욱 편리해졌다는 사실을 깨닫기도 한다. 엔지니어스의 새로운 고객들도 그렇다. 서비스를 처음 활용한 뒤에야, "아, 내가 엔진오일 교환 시점 관련 정보가 부족했구나! 그동안 내 차에 어떤 엔진오일을 넣은지도 몰랐어! 엔진오일 하나 교환하려고 평일에 그 귀한 휴가 시간을 사용했구먼!" 하며 혀를 찬다.

그렇다면 고객이 가지고 있는 절박하고 절실한 어려움을 어떻게 찾아낼 것인가?

시장 조사 차원에서 인터뷰나 설문을 시도해도 타겟 고객은 어려움이나 불편함을 딱히 이야기하지 않는 경우가 너무 많다. 기존 서비스에 익숙하기 때문이다. 그렇기 때문에 디자인씽킹 방법을 활용해야 한다. 이것이 남들이 미처 보지 못한 경쟁력 있는 서비스를 새롭게 발굴할 수 있는 노하우다. 이에 대해서는 제10장에서 살펴볼 것이다.

(4) 집에서 짐 부치고 맨몸으로
비행기 타게 해주는 인천공항공사

인천공항공사는 2016년부터 인천공항을 통해 해외 여행을 떠나는 여행객들을 위해 새로운 서비스를 도입하기로 했다. 여행객이 자신의 짐을 미리 부치면 항공사가 지정한 택배회사에서 짐을 하루 전에 받아간다. 그리고 여행객이 타기로 한 비행기에 미리 실어주는 것이다. 여행객은 맨몸으로 홀가분하게 탑승 수속을 밟으면 된다.

기존에도 이와 유사한 서비스들이 있었다. 시내 호텔에서 인천공항

출국장 입구까지 짐을 실어다주는 것이다. 하지만, 인천공항공사가 도입하는 새로운 서비스는 인천공항을 통해 출국하는 일반적인 고객들의 경험을 전반적으로 파악한 뒤, 이를 해결하고자 한 것이다. 그러니까 다음과 같은 사항들을 조사한 것이다.

① 무거운 여행가방을 들고서 집에서 출발해,

② 택시나 공항버스 같은 교통편을 이용해 공항에 도착한 뒤,

③ 항공사 체크인 앞에서 길게 줄을 서고,

④ 짐을 부치는 데 따른

일련의 경험 전체를 조사한 것이다. 그리고 이 과정에서 발생하는 고객의 불편을 이해하고 해결하고자 시도한 결과다. 그러니까 인천공항공사는 공항 이용객들이 무의식 중에 개선을 요구하는 신호를 캐치한 것이다.

바로 이것이 우리가 비즈니스를 하면서 늘 마주치는 고객들에 대한 배려와 공감 능력을 더욱 키우고 발전시켜야 하는 이유인 것이다.

정세준, 메이크트립Maketrip 공동창업자

기획자는 서비스의 문제점을 인식하고, 해답을 찾는 사람이라지요. 하지만 그 과정에서 더욱 중요한 것은 그 문제와 관련된 대상자의 문제점을 인식한 뒤 정확한 인사이트, 즉 해당 문제점에 따른 고통이나 만족감의 본질을 파악해야 한다고 합니다. 저는 여러 예비 창업자들을 만나 그들의 아이디어(제품·서비스)에 대해 함께 고민했습니다. 그리고 바로 그 아이디어를 구체화하여 사업화할 수 있는 서비스들을 기획했지요.

짐작하시겠지만, 창업자의 아이디어를 사업화하는 일은 매우 힘듭니다. 기획부터 제품(또는 서비스)을 시장에 선보이기까지 한정된 자원으로 아이디어를 현실화해야 하니까요. 그 과정에서 많은 시행착오가 발생한다는 것은 창업을 준비하시는 분들은 아마 다 아시는 일일 거고요.

린스타트업lean startup이라는 말을 들어보셨지요? 아이디어를 재빨리 시제품으로 만든 뒤, 시장 반응을 보고서 개선된 제품을 만드는 전략입니다. 저 또한 린스타트업을 통해 서비스 기획이나 사업 계획을 했습니다. 그러면서 이런 의문이 들더군요.

"왜 생각대로 잘 실행되지 않을까?"

그래서 늘 고민했습니다. 린스타트업 방법론과 무엇을 연결할지를 말이지요. 그러던 중 '디자인씽킹과 서비스 기획' 교육을 알게 되어 참가했습니다. 물론 이 책의 저자인 유병철 선생이 바로 그 교육의 강사였고요.

저도 다양한 직종의 분들과 함께 팀을 이루어 디자인씽킹을 직접 체험했습니다. 그때 느낀 점이 몇 가지 있습니다. 제가 서비스를 기획하면서 놓쳤던 점들이지요. 그러니까 저 혼자 (또는 다른 2~3명과 함께) 아이디어에 대한 문제점과 가설을 정한 뒤, 문제점에 대한 해결책만을 생각하기 전에 했어야 하는 일이 있었다는 점이지요. 즉, "서비스의 대상자가 느끼는 진정한 고통은 무엇인가?" 같은 질문에 대한 답을 내놓는 일 말입니다.

저는 디자인씽킹 과정에서 정확한 인사이트를 파악한 후, 솔루션을 찾아가는 방법론을 경험했지요. 그 방법론 덕에 저 혼자 내놓은 아이디어를 통한 해결책은 한계가 있다는 것을 깨달았습니다. 그래서 다양한 사람들과 함께 서비스를 기획하면서 서로의 생각을 내놓고 받아들이는 작업을 통해 아이디어를 구체화하는 과정을 체험했습니다.

저는 디자인씽킹 교육 과정을 함께 이수한 분들과 포럼을 만들었지요. 디자인씽킹에 대한 더 많은 스터디를 통해 좀 더 다양한 디자인씽킹 관련 이론을 공부하기 위해서였습니다. 그럼으로써 실제로 적용이 가능한 프로젝트도 시작했고요.

그렇게 해서 시작한 서비스가 '맞춤여행자들을 위한 여행 플랜 비교 서비스'인 '메이크트립(MakeTrip, http://www.maketrip.co.kr/)입니다. 저는 바로 이 메이크트립이라는 아이디어를 구체화하는 과정에서 디자인씽킹 프로세스를 지켰습니다. 이를 위해 기획자, 디자이너, 개발자, 창업자 등 4명이 함께 팀을 구성해 기획을 시작했지요.

디자인씽킹의 강점인 '생각을 제시하거나 받아들이기', '서비스 대상자에 대한 인터뷰를 통해 알아낸 컨텍스트를 활용해 솔루션 찾기'와 '컨셉 모델 만들기'도 했습니다. 그 후 사업화를 진행하기 전에 디자인씽킹 포럼 회원들에게 부탁해 아이디어를 검증받았습니다.

하지만 검증 결과는 매우 비관적이었지요. 포럼 회원들 모두 우리가 제공하려는 서비스를 제대로 이해하지 못했습니다. 그래서 무엇이 문제인가에 대해 팀 구성원들끼리 상의해보았습니다. 결국 "시간이 걸리더라도 처음부터 다시 해보자"라는 쪽으로 의견이 모아졌지요.

시작할 때에는 팀 구성원들 모두 같은 아이디어를 내놓았습니다. 그래서 디자인씽킹 방식으로 하나씩 세부적으로 되짚었지요. 이 과정에서 '린Lean 방식'을 적용해보았습니다. 그러니까 디자인씽킹 과정을 '가설', '검증', '측정'이라는 단계에 따라 쪼갠 것이지요. 그런데 이번에도 실패했습니다.

세번째로 진행한 기획 부분에서는 디자인씽킹 방법을 사용하고, 기획 이후부터는 린스타트업 방법을 적용시켰습니다. 다만 차이점은 디자인씽킹이 완료된 후 온·오프라인 테스트('개발'이라면 '시제품')를 동일한 과정이라 가정하고서 함께 진행했다는 것이지요.

사실, IT 분야의 스타트업도 본질적으로는 IT를 활용하지만, 대부분의 사업 아이디어는 오프라인 서비스가 IT 기술을 이용해 서비스를 제공하는 것이라 생각했지요. 그리고 오프라인 부분의 프로세스에 대해서는 여행사를 운영하시는 대표님이 디자인씽킹에서 나온 키워드를 중심으로 측정값들을 만들어 운영해보았습니다. 온라인은 린 방식을 채택했고요.

테스트 결과, 디자인씽킹으로 찾아낸 방법은 오프라인에서 정확하게 고객층과 니즈에 관한 가설을 만든 만큼 결과를 만들었습니다. 이 과정을 통해 온라인 서비스를 통한 개발의 중요한 지표를 확보했지요. 특히 여행 관련 서비스 네트워크를 파악한 것이 결정적이었습니다. 이후, 온라인 분야의 개발을 린 방식으로 수행하면서 수많은 방법의 근본에 디자인씽킹을 적용했습니다.

그러니까 메이크트립은 "디자인씽킹을 어떻게 현장에 잘 적용하여 실제로 수익을 낼 수 있는 서비스로 만들 것인가?"를 고민하며 시작한 프로젝트성 아이디어입니다. 그래서 서비스를 개시할 때 시행착오를 많이 거쳤습니다. 지금도 많은 부분들이 아직도 시험대에 있지요. 이렇듯 아직까지는 많은 것을 준비해야 합니다. 사업을 본격적으로 진행하기 위한 준비 과정도 필요하고요. 하지만 서비스를 개시하기 전 테스트 과정에서 이미 매출이 발생하기 시작했습니다.

메이크트립 프로젝트에 디자인씽킹을 적용한 경험을 요약하면 다음과 같습니다.

좋았던 점

① 고객이 정말로 필요하다고 느끼는 것이 무엇인가를 알아내기 위해 인터뷰를 하지요. 그 인터뷰 결과를 파악하여 서비스를 위한 해법을 개발합니다. 이 단계에서 고객을 위한 서비스를 명확히 제시할 수 있었습니다. 사실, 아이디어를 구체화하는 과정에서 대개 처음 생각했던 아이디어들을 제대로 현실화해보려는 욕심이 들기 마련입니다. 하지만 그 결과 서비스의 핵심이 점점 커져서, 그러니까 모든 서비스를 제공하려고 하게 되면서 감당할 수 없을 지경이 되지요. 말 그대로 '괴물'이 만들어지는 겁니다.

② 아이디어를 떠올린 뒤, 바로 그 아이디어에 대한 해답을 만들려고 하다보니 정작 고객이 진정으로 원하는 서비스를 놓치는 경우가 많이 발생합니다. 그러나 디자인씽킹을 이용하면 이런 문제를 상당히 많이 해결할 수 있지요. 즉, 아이디어 검증 단계에서 소비되는 시간을 많이 절약할 수 있습니다.

기타 의견 및 개인적 견해

① 다양한 사람들의 의견과 자유로운 생각을 내보이거나 받아들임으로써 누구도 생각하지 못했던 좋은 아이디어들이 만들어지더군요. 이런 점은 프로세스를 진행하는 과정에서도 직접 느낄 수 있었습니다. 다만, 프로세스에 대한 이해를 충분히 해야 할 것 같습니다.

② 디자인씽킹을 실제 현장에서 진행할 때 많이 힘들었던 점은 "고객의 정확한 인사이트를 찾아내기가 힘들다"는 것이었습니다.

③ 프로젝트를 실제로 사업화할 때에는 디자인씽킹으로 만들어진 컨셉 모델에 대한 측정 기준(무엇을 서비스 할 것인가?)도 함께 검토해야 한다고 봅니다. 오프라인 테스트를 할 때 컨셉 모델에 대한 측정 기준이 처음에는 매우 모호했으니까요. 그래서 실제 개발 시 적용하면서 진행하기가 매우 어려웠습니다.

④ 디자인씽킹을 통한 서비스 기획은 기획자들과 예비창업자들이 사업을 기획할 때 꼭 필요한 필수 조건들을 충족시켜줄 수 있다고 봅니다. 특히 누구든 기획 단계에서 사업 기획에 관한 아이디어를 혼자서 만들다보면, 아전인수적인 아이디어가 많이 나오기 마련이지요. 그러나 다양한 사람들이 자신의 경험을 풀어놓고, 또 그런 것들을 서로 받아들이면서 다 함께 디자인씽킹 프로세스를 진행한다면 어떨까요? 그러면 사업 기획을 준비하는 과정에 대한 엄청난 시각 차이를 실감하실 겁니다. 그러면서 디자인씽킹의 유용함을 다시 한 번 확인하시게 될 것이고요.

제7장

기업의 성과 창출을 위한 날개, 디자인씽킹

26. 이제는 만든 것을
잘 사용하도록 도와주어야 한다

필자가 LG 경제연구원의 지인에게서 들은 이야기다.

미국 최고의 카펫 제조 업체였던 인터페이스의 경영진은 어느 날부터 고민에 빠졌다. 고객들이 떠나고 매출은 정체되었기 때문이다. 기존의 카펫 구매 고객들을 설문 조사하여 핵심 원인을 파악해보니, 원인은 이 회사의 주력 상품인 큰 카펫이었다.

큰 카펫을 깐 뒤 거실을 둘러보면, 거실이 아주 멋있어진 것 같다. 그러나 큰 카펫은 곧 쉽게 더러워졌다. 고객은 그런 카펫을 거실에서 들어내 먼지를 털거나 세탁을 해야 했다. 가구를 일일이 옮겨야 하는 불편도 따랐다. 결국 많은 가정이 카펫 구매를 포기하거나 있던 카펫도 버렸다.

인터페이스가 이 문제를 개선하기 위해 내놓은 아이디어는 이러했다. 즉, 제품을 큰 카펫으로 출시하는 대신, 접착제 없이도 바닥에 붙일 수 있는 작은 조각으로 나눈 것이다. 아울러 이 제품에 대한 유지관리 서비스 팀까지 만들었다. 고객은 카펫 청소 때마다 지저분한 부분만 들어내면 될 뿐만 아니라, 숫제 일정 금액만 내면 인터페이스에서 직접 집으로 찾아와 카펫을 완벽하게 관리해주니 편리해졌다. 이로써 인터페이스의 매출은 전보다 크게 늘었을 뿐만 아니라, 업계 1위 자리도 탈환했다.

인터페이스의 사례처럼 이제는 최고의 제품을 만든다고 해서 고객들의 선택을 받으리라 기대할 수는 없다. 최고 품질의 제품을 고객들이 더욱 편리하게 '제대로' 사용할 수 있도록 도와주어야 한다.

물론 이에 대해 다음과 같은 불만을 내놓으실 분들도 있을 것이다. "제조업은 원재료를 가공해 제품을 생산·제공하는 사업이지, 서비스업이 아니다"라고 말이다. 그러나 이러한 전통적인 제조업 개념은 오늘날 제품 개발, 생산, 물류에 서비스를 포함하는 개념으로 변화하고 있다. 즉, 제조업 경쟁력을 판단하는 기준이 '얼마나 좋은 제품을 만들 수 있는가?'에서 '그 제품을 고객들이 어떻게 사용할지까지 예상할 수 있는가?'에 맞춰지고 있는 것이다.

인터페이스의 사례는 진정 경쟁력을 갖춘 제품은 회사의 연구소에서 탄생하는 것이 아니라, 그것을 사용할 고객들의 현장(예를 들어 청소기나 세탁기, 냉장고라면 가정일 것이고, 도구나 공구, 기계라면 작업장 등)에 대한 이해에서 탄생하는 것임을 보여준다.

마지막으로 제조업이 경쟁력을 강화하려면 다음과 같은 것들을 고려해야 한다.

① 내가 만든 제품을 사용할 고객들의 경험을 탐구하라!

② 고객 자신도 인식하지 못할 '어려운 점'을 미리 파악하라!

③ 해당 제품의 본질과 용도를 재규명하고, 그 제품을 사용할 소비

　자들을 위한 서비스와 관련 조직 문화를 구축하라!

27. 제품 이용에 대한 전체적인 경험이 중요하다

"안녕하세요, 고객님. 벤저민 무어Benjamim Moore 페인트입니다. 페인트 작업은 어디에 하기를 원하시는지요? 그리고 어떤 색상을 선호하시는지요?"

벤저민 무어 페인트 가게에서는 전문가가 이렇듯 고객과 1 대 1 맞춤 상담 서비스를 해준다. 충분한 시간을 들여 상담을 해주는 데다, 상담사는 데이터베이스를 활용하여 고객의 궁금증을 낱낱이 해소해준다. 고객이 원하는 색상과 분량을 말하면, 5분 뒤에 해당 색상과 분량의 페인트가 담긴 둥근 통을 받을 수 있다.

나중에 온 고객들은 대기자 목록에 이름을 적은 뒤 그 광경을 지켜보면서 느긋하게 기다린다. 대기 시간이 지루하다면 옆 코너에서 페

176

인트 작업에 필요한 롤러, 붓, 장갑, 받침통 등을 구입할 수 있다.

벤저민 무어 페인트 가게 같은 곳이 등장하기 전까지만 해도, 직접 페인트칠을 하려는 사람들은 마트에 진열된 한정된 색깔의 페인트들 중에서 골라야 했다. 물론 원하는 색을 내려면 각기 다른 색의 페인트들을 어느 정도 비율로 섞어야 하는지를 알아내기 위해 인터넷에서 관련 정보를 검색해야 했다. 그 과정에서 필요한 양보다 훨씬 많은 페인트가 만들어졌다. 페인트칠에 필요한 도구는 철물점에서 별도로 구매해야 했다.

그런데 벤저민 무어 페인트는 고객이 자기 집을 어떤 색으로 꾸미고 싶은지 상상하고, 그것이 현실화되도록 도와준다. 페인트칠을 해본 경험이 전혀 없는 고객에게도 필요한 장비와 방법을 안내해준다. 즉, 벤저민 무어 페인트는 공장에서 만든 페인트를 고객들에게 판매하는 데 그치지 않고, 페인트와 관련된 모든 경험을 판매하는 페인트 서비스업을 하고 있는 것이다.

28. 내가 거래하는 회사가
무엇을 어려워하는지 연구하라!

앞서 소개했던 필자의 지인이 미국의 인터페이스와 함께 소개한 호주 회사가 있다. 오리카Orica라는 산업용 폭약 제조업체가 그것이다.

광산업이 활발한 호주에서 오리카는 고객에게 필요한 폭약을 용도에 맞춰 적절하게 납품해주었다. 그런데 산업용 폭약에 관한 호주 정부의 규제가 완화되면서 신규 업체들이 늘어났다. 이로써 오리카는 위기에 빠졌다. 그러면 오리카의 경영진은 이러한 어려움을 어떻게 극복했을까?

오리카의 직원들은 폭약을 납품하던 광산업체를 방문해 그들의 고민을 들었다. 그럼으로써 광산업에 관한 새로운 사실을 많이 알게 되었다. 즉, 폭약이 위험해 보관과 취급이 엄격히 제한되다보니, 폭약을 취급할 자격이 없는 직원들은 몹시 부담스러웠던 것이다.

오리카는 여기에서 새로운 기회를 발견했다. 바로 폭약을 생산해 납품만 하던 기존의 사업 방식에서 벗어나, 폭약과 관련된 모든 서비스를 함께 제공하기로 한 것이다. 즉, 오리카가 파견한 전문가가 암석 분석, 폭약 설치를 위한 굴착, 발파 작업 등 모든 과정을 대신 감독해주는 것이다. 이로써 오리카의 매출은 늘어났고, 고객과의 관계도 더욱 밀접해졌다. 특히, 광산업체들이 폭약 취급에 따른 위험과 번거로움에서 벗어나면서 안정적인 생산 활동을 전개할 수 있게 되었다.

여기에는 기존의 제조업체가 시도하지 않았던 큰 변화가 포함되었다. 바로 "내가 거래하는 회사가 어떤 어려움에 처해있는지를, 무엇을 어려워하는지를 적극적으로 파악하고자 한 것"이다. 오리카는 이를 위해 거래 회사를 직접 방문하고, 그들의 사업장에서 벌어지는 일들을 관찰했다. 그럼으로써 그들의 어려움을 직접 확인했다.

필자는 여기에서 한 발 더 나아갈 것을 권한다.

즉, "내가 거래하는 회사의 제품·서비스를 사용하는 고객을 연구해야 한다"는 것이다. 이렇게 하면 지금 거래하는 회사가 성장하거나 이익을 극대화하는 데 필요한 새로운 상품·서비스에 관한 아이디어를 대신 발굴해줄 수도 있다. 말 그대로 '윈윈Win-Win'인 것이다. 필자가 최근에 만난 어느 중견 제조업체의 대표도 필자의 이런 주장에 동의하면서 다음과 같이 말했다.

"지금 계약하고 있는 대기업과의 거래에서는 많은 이익을 남기기 어렵습니다. 대기업에서 제안한 제품을 생산·납품하다보니 이익율이 극도로 제한되거든요. 저는 말입니다, 저희 고객인 대기업이 필요로 하는 것을 저희가 먼저 파악하고, 이를 처리해줄 수 있는 새로운 상품을 개발하려고 합니다. 그 상품을 바로 그 대기업에 제시하면 더 좋은 조건으로 업무 계약을 체결할 수 있지 않겠습니까!"

이 대표처럼 내가 거래하는 회사의 어려움을 연구하면서, 나아가 그 회사의 고객들에 대해서도 연구해보자. 사업을 혁신적으로 발전시킬 새로운 아이템이 보일 것이다.

29. 제조업에서 성공하려는 사업가여,
서비스업도 함께 연구하라!

기존의 제조업체들 중 글로벌 선도 기업들은 자신의 회사를 더 이상 제조업체로만 보지 않는다. 제조업의 서비스화, 즉 제조업과 서비스업을 결합한 PSS(Product-Service System, 제품·서비스 시스템)를 지향하고 있다.

PSS는 "제조업체가 고객들에게 서비스를 제공하면 더 큰 이윤과 성장을 달성할 수 있다"는 기업인들의 깨달음에서 나온 것이다. 즉, 제조업체의 업무를 제품을 완성시켜 시장에 내놓는 것으로 한정시키지 않고, "그 제품을 사용할 고객들에게 어떻게 하면 더 큰 만족을 제공할 것인가?" 그리고 "어떻게 하면 이를 통해 기업이 계속 발전하는 데 필요한 이윤을 창출할 수 있을 것인가?"라는 고민 끝에 나온 것이다.

물론 이러한 개념은 전통적인 제조 영역과 분명하게 대비되기에 많이 생소할 것이다. 그러면 이쯤에서 PSS의 대표적인 사례들을 살펴보자.

- 제록스 – 복사기 등 복합기를 생산·판매하는 회사다. 제록스는 유지·보수 계약을 체결하면서 '복사한 수량만큼(pay-per-copy)' 비용을 청구하는 서비스 방식을 도입해 고객의 부담을 줄여주면서 제록스도 안정적인 수입원을 확보했다.
- 롤스로이스 – 항공기 엔진을 생산하는 회사다. 롤스로이스는 유지·보수 계약을 체결하면서 항공기 운행 시간에 따라 비용을 청구하는 서비스를 도입했다.
- 아틀라스 – 에어콤프레서를 생산하는 회사다. 아틀라스는 압축 공기 량(입방미터[m^3]단위)당 사용 요금을 청구하는 서비스를 도입했다.
- 미쉐린 타이어 – 트럭 타이어의 경우 운행 거리에 따라 비용을 청구하는 서비스를 도입했다.
- 필립스 전구 – 전구의 실제 조명량(pay-per-LUX)에 따라 비용을 청구하는 서비스를 도입했다.

롤스로이스의 사례를 좀 더 자세히 살펴보자. 롤스로이스 사는 원래 1906년에 설립된 영국의 대표적인 군용·민간용 항공기·선박 엔진 및 발전기, 자동차 제조 회사다. 그러나 초음속 여객기인 콩코드의 엔진을 개발하는 데 너무 많은 비용을 소모해 1971년 도산했다. 그러자 영국 정부가 항공기 엔진 및 선박용·공업용 가스터빈 부문을 인수해 롤스로이스 사를 설립했으며, 자동차 부문은 독일의 BMW 사가 인수했다. 롤스로이스의 사업 모델은 엔진과 가스터빈을 생산·판매하는 것이었다. 그러나, 1990년대 후반에 아메리칸 에어라인으로부터 유지·관리 서비스 계약을 제안받은 뒤 서비스 중심 회사로 거듭났다.

항공기 엔진은 끊임없는 유지·관리를 통해 늘 최상의 상태를 유지해야 한다. 그래야 항공기를 이용하는 승객들의 안전을 보장하고, 효율적인 운영도 할 수 있다. 그러나 항공사 입장에서 항공기 엔진처럼 복잡한 기계를 직접 유지·관리하기는 어렵다. 그래서 엔진 전문 기업인 롤스로이스에 맡긴 것이다. 롤스로이스의 입장에서도 엔진을 생산·판매하는 일회성 사업보다, 엔진 수명이 다할 때까지 유지·관리해주는 것이 안정적인 매출을 보장해주기에 매력적이었다.

롤스로이스는 여기에서 그치지 않고 실제 운행 시간에 따라 엔진 사용·유지·관리 요금을 청구하는 코퍼레이트 케어Corporate Care 서비스도 제공하고 있다. 즉, 엔진의 가격은 물론 유지·관리 및 기술 관련 서비스 비용까지 청구하는 것이다. 이로써 고객도 롤스로이스에서 엔진을 구매할 때 드는 초기 비용을 최소화하면서, 엔진(및 항공기) 운영 수익으로 엔진 구매 비용을 지불할 수 있게 된 것이다. 현재 롤스로이스 민간 항공기 엔진 사업 부문의 매출 중 약 50퍼센트가 바로 이 서비스 부문에서 발생하고 있다.

롤스로이스처럼 제조업의 서비스화를 성공적으로 이루려면, 먼저 122페이지나 178페이지 등에서 언급했듯이 "내 제품을 사용하는 고객들이 무엇 때문에 어려워하는가?"를 먼저 파악해야 한다. 그 뒤 그 어려움을 해결하는 데 적합한 서비스 사업 모델을 연구해야 한다. 제조업체가 서비스화를 아무리 잘 하려고 해도, 고객들에게 줄 수 있는 명확한 가치를 발견하지 못하면 소용없기 때문이다.

제8장

눈에 보이지 않는 '개인경쟁력'을 만드는 디자인씽킹

30. '뛰어난 성과를 이루는 사람'으로
　　 만들어주는 디자인씽킹

　디자인씽킹 방법대로 일을 한다면 '고민만 하다가 끝나는' 일은 더 이상 없을 것이다. 더 나아가 기존에 존재하지 않았거나 누구도 생각하지 못했던 혁신적인 것을 추구할 수도 있다.

　물론 기존의 것을 '조금 개선하는' 것도 성과다. 그리고 많은 이들이 이러한 유형의 성과를 내기를 기대한다.

　하지만 디자인씽킹이 추구하는 성과의 형태는 이런 것과는 조금 다르다. 맥락을 중요시하는 집중적인 디자인리서치Design-research를 한 뒤, 다양한 이해관계자들의 욕구를 반영하기 위해 공동으로 아이디어를 개발하기 때문이다.

　또한 더 나은 결과를 구하기 위해 동일한 과정을 반복한다. 물론 이렇게 하려면 시간이 많이 필요하다. 그러나 이러한 방법은 최종적으로 고객이 경험하는 제품·서비스의 가치를 극대화함으로써 기존에 아무도 생각하지 못했던 '차별적인 제품·서비스'를 만들게 해준다.

즉, 모두가 효율성을 추구하기 위해 부가가치가 낮은 '유사한 제품·서비스'를 대량 생산할 때, 디자인씽킹은 기존의 사고방식과 패러다임을 뒤집어 혁신적인 제품·서비스를 내놓는 활동이다.

결국, 장기적으로 본다면 디자인씽킹이 더욱 효과적이라는 점과, 우리나라의 제조업·서비스업계를 이끌어갈 방법임을 깨달을 수 있을 것이다.

31. '함께 일하고 싶은 사람'으로
만들어주는 디자인씽킹

디자인씽킹의 기본 철학 중 하나는, 각기 다른 배경과 경험을 가진 사람들이 함께 일하는 것이다. 즉, 나와는 성향과 외모부터 주변 환경과 삶 자체가 달랐던 사람과 함께 일하는 것이다. 결국 디자인씽킹을 하면 주위의 많은 사람들과 함께 일하는 방법을 터득할 수 있다.

이런 일이 가능한 이유는 '창의적 협력이 어떻게 더 큰 성과를 내는가?'를 깨우쳤기 때문이다. 그러니까 동료의 단점보다 장점을 발견하고, 그러한 장점을 내가 강화시켜줌으로써 진정한 잠재력을 이끌어낼 수 있도록 해줄 수 있다는 믿음이 들기 때문이다.

이렇듯 디자인씽킹 방식으로 생각하는 방법, 그러니까 함께 대화하고 일하는 방법을 익힌 사람은 어느 조직에서나 환영받는다.

32. '세상을 더욱 행복하게 해주는 사람'으로
만들어주는 디자인씽킹

인도에 오토바이가 처음 보급되었을 때의 일이다.

그 당시 인도 사람들은 오토바이를 탈 때 특이한 행동을 했다. 즉, 오른쪽 바지의 끝에 비닐봉지를 감은 것이다. 이는 오토바이의 배기가스에 섞여 나오는 기름 지꺼기가 바지에 튀는 것을 방지하기 위함이었다.

아무도 이것을 불평하지 않았다. 오히려 오토바이라는 편리한 도구를 이용하려면 당연히 이래야 한다고 생각했다.

얼마 뒤 일본에서 새로운 오토바이가 수입되었다. 그 오토바이는 배기가스 배출구가 땅 쪽으로 향해있었다. 그래서 더 이상 바지를 감쌀 비닐봉지를 준비할 필요가 없어졌다. 그제야 인도 사람들은 기존의 행동이 불편하고 번거로운 것이었음을 깨달았다.

'배기가스 배출구가 땅 쪽으로 향하게 한 오토바이'라는 편리하고 새로운 해결책을 보기 전까지, 인도의 오토바이 사용자들 중 그 누구도 기존의 문제를 전혀 문제라고 인식하지 못했던 것이다.

디자인씽킹은 기존에 세상 사람들이 전혀 불편하게 여기지 않았던, 오히려 너무도 당연하게 생각했던 것을 새로운 관점에서 보고 문제점을 발굴하도록 도와준다. 그리고 이러한 '보이지 않던 문제점'을 개선해 주변 사람들의 삶이 더욱 편리해지도록 만들어줌으로써 더욱 행복해지도록 도와준다.

그러니까 디자인씽킹을 활용하면 나는 물론 내 주변의 소중한 사람들까지 도와줌으로써 '더 큰 행복을 제공해주는 능력자'가 될 수 있다.

제9장

디자인씽킹이 세상을 변화시킨다

33. 사람의 행동을 변화시키는 디자인씽킹

디자인씽킹은 사람들의 욕구에서 미래를 위한 새로운 기회를 찾는 활동이다. 이러한 사회 문제는 결국 사회 구성원들의 생각과 행동을 변화시킴으로써, 사회 전체가 바람직한 행동을 하도록 유도함으로써 해결될 수 있다. 그래서 산업화된 현대 사회가 가지고 있는 다양한 문제를 해결하는 방법으로 디자인씽킹이 주목받는 것이다.

그럼 어떻게 하면 사람들의 생각과 행동을 변화시킬 수 있을까? 이를 위해 제도와 규칙을 만들어 지키도록 요구하고, 지키지 않는 사람을 강력히 처벌한다. '벌금' 등 경제적 불이익을 주기도 한다. 하지만, 이러한 외적·물리적 방법들은 효과가 미미하거나, 설령 효과가 있더라도 그 실행 과정에서 적지 않은 비용을 지출해야 한다.

필자의 지인인 한국디자인진흥원 윤성원 팀장에게서 이런 이야기를 들었다.

"사람들은 자신이 가지고 있는 어려움을 해결하거나, 미처 표현하지 못하고 마음속에 품고만 있던 니즈를 해결할 수 있을 때 기꺼이 행동을 변화시킵니다."

그러면서 이런 일화를 소개했다.

"1950년대 덴마크의 한 작은 마을에서 벌어진 일입니다. 어느 날부터 갑자기 공공 수영장 이용객 수가 확 줄었어요. 이유가 뭘까 알아보기 위해 담당 공무원들이 그 수영장을 방문했습니다. 그 공무원들은 수영장이 낡았기 때문이라고 판단했지요. 그래서 건축가에게 새로운 건물을 디자인해달라고 의뢰했습니다. 그런데 그 건축가는 1~2개월간 주변 시설들을 먼저 살펴봤습니다. 그리고 공무원들에게 이렇게 말했어요. 문제는 수영장이 아니라 버스 시간표라고 말이지요. 새로운 버스 시간표가 시민들의 생활 패턴과 맞지 않다보니, 시민들이 수영장을 더 이상 찾기 어려워진 것이지요."

이 이야기는 많은 것을 시사한다.

공무원들은 수영장이 낡았으니 새로 짓자고 결론을 내렸다. 그러나 수영장 건물을 최신식으로 새롭게 지었더라도 시민들은 여전히 찾지 않았을 것이다.

버스 시간표가 바뀌기 전까지 시민들은 매일 아침 수영장 행 버스를 타고 출근 전에 수영장에서 30분간 수영을 했었다. 퇴근 후에도 버스를 타고 수영장에 가서 30분간 수영을 한 뒤 집에 갔다. 그런데 버스가 15분씩 늦게 오기 시작하자, 결과적으로 수영을 할 수 있는 시간이 15분씩 줄어든 것이다. 이는 대개 직장인들인 공공 수영장 이용 시민들에게 부담으로 다가왔다.

이제, 우리 사회의 다양한 문제들을 해결하기 위한 정책을 마련하는 데도 디자인씽킹을 활용해야 한다. 즉, 저 덴마크 공무원들식의 일방적인 판단에 따라 막대한 예산을 들여 최신 시설을 짓거나, 새로운 아이디어를 도입하는 것은 지양해야 한다.

그 대신 수요자인 시민들의 니즈를 올바르게 파악한 뒤, 이를 해결하기 위한 다양하고 창의적인 해결 방법을 찾아야 한다. 새로운 정책을 기획할 때 디자인씽킹을 활용한다면, 주어진 예산을 더욱 효율적으로 활용하면서 정책의 효과도 더욱 높일 수 있을 것이다.

34. 디자인씽킹을 활용하여 범죄를 예방한다

디자인씽킹과 서비스디자인 방법론을 활용하면 교육, 환경, 복지, 의료 관련 정책 서비스가 정책의 소비자인 시민들을 중심으로 효과적으로 구현되도록 할 수 있다. 아래에 소개하는 사례들은 이와 관련하여 한국디자인진흥원의 〈공공정책, 책상에서 현장으로〉라는 논문에 소개된 것이다.

2008년, 영국 북동부의 선덜랜드 지역에서는 실업 문제를 해결하려고 '일자리 만들기(Make it Work)'라는 프로젝트를 실행했다. 서비스디자인 전문 기업인 리브워크는 디자인씽킹의 일환인 디자인리서치 design-research를 통해 실업자의 복직 과정을 관찰한 뒤, 세부적인 단계에서 복직된 사람의 요구에 따라 예산 등을 배분할 수 있도록 기존

고용 정책을 다시 디자인했다. 그럼으로써 리브워크는 재고용 관련 예산을 90퍼센트나 절감했다.

호주의 사회혁신센터(TACSI)도 서비스디자인으로 혁신적인 정책을 여럿 만들었다. 특히 교육, 보육, 도시, 교통, 주거, 환경, 고령화, 가족 문제 등 다양한 사회 현안에 대해 '급진적인 새로운 디자인(Radical Redisign)'이라는 정책을 추진했다. 이에 따라 호주 전국의 시민들이 참여할 수 있도록 '사회 혁신 창안 대회'를 개최함으로써, 시민들의 창의적인 아이디어를 받아들이고 융합하여 새로운 정책을 만들고 있다.

서울시에서 발간하는 〈디자인서울〉 2013년 1월호에도 다음과 같은 사례가 소개되었다.

마포구 염리동의 소금길은 옛날에는 부의 원천이던 소금 창고가 많아서 인심이 후하기로 유명했다. 하지만 최근에는 범죄발생률이 높아져 주민들이 불안해했다. 서울시는 범죄 예방 프로젝트에 서비스디자인을 결합시켰다. 즉, 지역 특성상 시설 관련 추가를 더 할 수 없다는 점을 고려한 서울시는, 지역 주민들의 활동성을 증가시키는 쪽으로 새로운 정책의 방향을 잡았다. 지역 주민들이 참여할 수 있는 수요 예배나 야간 공청회 등을 활성화한 것이다.

그 결과, 서울시는 정책 서비스의 주요 고객이자 이해관계자들인 주민들로부터 중요한 단서를 확보할 수 있었다. 주민들도 범죄 예방 활동을 해야겠다는 의지는 가지고 있었다. 하지만 그러한 마음을 실천하기 위한 계기가 필요했다. 서울시는 1.7킬로미터의 소금길 산책

로를 전문가와 함께 검토한 뒤 곳곳에 안전장치를 설치했다. 또한, 가로등을 촘촘히 설치하고, 전봇대에도 비상벨을 달았다. 긴급할 때에는 도움을 청할 수 있도록 '소금 지킴이 집'을 지정한 뒤, 잘 보이는 노란색 대문을 달아주었다.

한국형사정책연구원이 이 정책에 대해 6개월간 효과 분석을 해봤더니, 범죄 예방 효과가 78.6퍼센트, 정책에 대한 시민들의 만족도는 83.3퍼센트로 나타났다. 아울러 범죄로 인한 공포심이 줄어들면서 중단되었던 이웃 간의 왕래도 살아났다.

물론 이 프로젝트가 의미 있었던 이유는, 처음부터 주민들과 함께 코크리에이션Co-creation(이해관계자들을 동참시켜 새로운 아이디어를 만드는 활동)을 했기 때문이다. 이로써 서울시는 가로등과 비상벨 같은 시설을 설치하는 데 그치지 않고, 지속 가능한 문제 해결 방안을 내놓을 수 있게 되었다.

35. 시민들은 왜 자발적으로 전기료를 절감했을까?

'한 집 한 등 *끄기*'나 '여름철 실내 온도 26도 유지하기' 같은 표어들이 기억날 것이다. 이것은 일반적인 '가정에서 전기료를 절감하자!'는 내용의 표어다.

2011년도에 전기료 절감을 위한 서비스디자인 프로젝트가 추진되었다. 그 결과 전기사용료 고지서도 새롭게 디자인되었다. 즉, 기존 고지서와 달리 정보디자인을 활용해 자기 집이 전기를 얼마나 사용했는지, 그래서 전기사용료를 얼마나 내야 하는지를 고지서만 보고도 쉽게 확인할 수 있도록 한 것이다.

이는 고지서가 담은 다양한 정보들을 어떻게 표현하면 본 사람이 가장 오래 기억하는지, 그러니까 고지서를 받은 사람의 행동을 변화시킬 수 있는지 등을 연구한 결과물이다. 물론 많은 실험을 거침으로써 철저히 검증된 결과물이다.

여기에 그치지 않고 고지서에 색상을 넣는 방안도 채택되었다. 같은 평수의 이웃집보다 전기를 더 많이 사용한 집은 빨간 고지서를, 적게 사용한 집은 녹색 고지서를 받게 된 것이다.

그 결과 시민들은 전기 사용량을 10퍼센트나 자발적으로 줄였다.

이에 대해 한국디자인진흥원의 윤성원 팀장은 다음과 같은 이야기를 했다.

"기존 고지서 디자인의 역할은 전기 사용 내역을 쉽게 파악하도록 돕는 정보 전달이었습니다. 새로운 디자인은 자기 집의 전기 사용량을 이웃의 것과 비교해보도록 했지요. 그럼으로써 자발적인 절약 행동을 유도한 겁니다. 이렇듯 자발적인 행동 변화는 사회적·심리적·감성적 요인에 의한 경우가 많습니다. 이것이 바로 우리가 눈에 보이는 사물과 도구나 디자인보다 인식, 경험, 상호작용, 시스템처럼 눈에 보이지는 않으면서 지속 가능한 생태계에 주목해야 하는 이유입니다."

36. 졸음운전을 '스톱!'시키는 디자인씽킹?

독자들 중 직접 차를 운전하는 분들이라면 전국의 모든 고속도로에 다음과 같은 글귀가 적힌 대형 현수막이 걸린 것을 보았으리라.

'졸음운전! 자살운전! 살인운전!'

'졸음운전의 종착지는 이 세상이 아닙니다!'

'졸음운전! 마지막 운전일 수 있습니다!'

'겨우 졸음에 목숨을 거시겠습니까?'

이 현수막들은 졸음 운전의 위험성을 알리는 극단적인 경고문들이다. 이 현수막들을 본 운전자들은 '아~, 졸음운전이란 위험하구나'라고 느끼거나, 운전 중에 졸리면 졸음쉼터나 휴게소에 들렀을 것이다. 도로에서의 안전을 책임지는 사람들의 이 다음 과제는 "어떻게 하면 많은 사람들이 이러한 행동 변화를 지속적으로 실천하도록 유도할 것인가?"이다.

한국디자인진흥원과 한국도로공사는 2014년 12월 4일부터 21일까지 '사회 문제 해결을 위한 서비스디자인 워크숍'을 공동 개최했다. 이 워크숍에는 현직 디자이너 25명이 참가했다. 주제는 '졸지 않는 고속도로 만들기'였다. 혁신적인 디자인의 영역이 기업과 사회 각 분야로 확대되는 추세에 맞춰, 우리 생활에서 중요한 과제를 디자인적 접근법으로 해결하고자 한 것이다.

이쯤에서 독자들은 어떤 졸음 운전 예방 아이디어가 떠오르는가? 졸음방지껌, 눈꺼풀과 머리의 움직임을 감지하는 센서를 이용하는 경고음 발생 장치 등이 생각날 것이다. 그러나 이러한 해결 방안은 운전 중 차 안에서의 졸음 퇴치에 맞춰져있다.

이 워크숍에서는 운전자들의 경험을 보다 더 광범위하게 탐구해보기로 했다. 그러니까 단순히 차 안에서 조는 단계만 보지 않고, 출발지에서 최종 목적지까지를 살피기로 한 것이다.

최종 결과물의 목표는 '자신이 졸음 운전을 하고 있음을 스스로 깨닫고, 졸음 방지 행동을 하도록 유도하는 것'으로 설정했다. 이는 현장 인터뷰 결과, '운전 중에 졸려서 쉬어야겠다 싶을 때에도 어지간하면 참고 계속 운전한다'는 답변이 나와서였다. 그러면 왜 운전자들은 졸려도 계속 참고 운전할까?

그래서 서비스디자인 워크숍이 설정한 첫 번째 목표는 '졸려도 쉬지 못하는 근본적인 이유와, 운전자의 행동 변화를 유도할 수 있는 방법을 찾는 것'이었다. 디자이너들은 운전자들과의 심층 인터뷰를 통해 그 실마리를 찾을 수 있었다. 해당 운전자들은 이구동성으로 다음과 같이 말했다.

"운전 중 피곤해도 제대로 쉴 생각을 못하는 이유는 시간이 없어서입니다."

"고속도로를 타기 전에 항상 목적지에서의 약속 시간을 점검하고, 언제 떠나야 하는지 확인하거든요. 그래서 졸려도 어쩔 수 없이 운전하는 거지요. 약속 시간을 어길 수는 없지 않습니까!"

"운전하기 전에 티맵T-Map에서 목적지를 검색하지요. 그러면 목적지 도착 시간을 정확하게 알려주거든요. 그것 때문에 시간에 딱 맞춰 가다보니 졸린다고 쉬고 갈 여유 같은 건 없습니다."

이로써 우리는 운전자들이 고속도로에서 운전 중 졸려도 쉬어야겠다는 결심을 쉽게 할 수 없는 이유를 파악했다. 즉, 운전하는 내내 졸음 등을 해결하기 위한 휴식 시간이 필요하다는 사실을 무시하는 것이다. 그러니까 목적지 도착 시간이 정해져있다보니 "졸음이 온다고 쉬면 그만큼 늦을 거 아닌가!"라고 생각하게 된 것이다. 그러니 휴식 시간도 부담스러울 수밖에 없다.

그러면 목적지에 도착할 시간은 누가 정할까? 불행하게도 운전자가 정하는 것이 아니라, 우리가 유용하게 사용하는 다양한 사회적 도구들이 미리 대신 정해준다. 티맵, 인터넷 포털 사이트, TV와 라디오 등이 바로 그런 사회적 도구다. 예를 들어, 서울시청에서 세종특별자치시까지의 도착 시간을 인터넷에서 검색해보자. 1시간 54분(126.37킬로미터)이라고 나온다.

결국 운전자가 출발 전에 자발적으로 사용하는 다양하고 편리한 사회적 도구들이, 오히려 운전자들이 운전 중에 졸음이 와도 쉬어야겠다는 의사 결정을 실행하는 데 매우 부정적인 영향을 미치고 있었던 것이다. 운전지의 의지와 상관없이 다양한 사회적 환경이 내가 졸음운전을 하도록 만든 것이다.

결국 이를 해결할 방법은 운전자들에게 목적지까지의 운전 시간 관련 정보를 제공할 때 적정한 '휴식 시간'을 미리 인지시키는 것과, 이를 고속도로 운행 시간에 포함시키는 사회적 노력이다. 이를 위한 다양한 아이디어들을 디자인씽킹으로 제의할 수 있을 것이다.

부록 5 다산 정약용의 애민정신과 디자인씽킹

서종원, SK플래닛의 디자인씽킹 전문가

어느 휴일에 가족과 함께 경기도 남양주시의 다산유적지에 갔다. 다산 정약용 선생의 생가(복원)와 관련 유물들을 전시하는 박물관인데, 아이들의 학습 장소로 참 적절하다고 생각했다.

내가 고등학생 때 국사책으로 봤던 거중기를 아이들은 무척 신기해했다. 그러면서 왜 정약용 선생이 거중기를 만들었느냐고 물었다. 나는 "수원성 건설에 동원된 백성들이 빨리 부역에서 벗어나 집으로 돌아갈 수 있도록 해주기 위함이었다"고 말했다. 국사 선생님이 '애민愛民정신'에 밑줄 그으라고 하시며 말씀하신 이야기를 떠올린 것이다.

바로 그때 이런 생각도 떠올랐다.

'정약용 선생의 애민정신도 사실 디자인씽킹의 결과물이 아닐까?'

디자인씽킹의 기본은 타인들의 니즈를 파악하고, 그것을 해소해주기 위해 제품이나 서비스를 개발하는 것이다.

정약용 선생은 성을 만들거나 수리하는 부역에 동원되어 고통받던 백성들의 마음을 잘 헤아렸을 것이다. 지방관들이 올바른 마음가짐으로 백성들을 다스리도록 지도한 《목민심서》를 쓰신 분이 아

닌가! 베트남 민족의 지도자 호치민도 소련 유학 시절에 당시 식민
지 조선에서 망명온 어느 사회주의자가 전해준 《목민심서》를 자신
의 바이블로 삼았다고 하지 않던가!

성리학에 빠진 대다수 양반들이 백성들의 고난에 대해 걱정한다
며 정자에서 시조를 읊조릴 때, 이 위대한 실학자는 디자인씽킹 마
인드에 따라 정말로 백성들을 위한 서비스(《목민심서》의 집필과 보급)
와 제품(거중기)을 만들었던 것이다.

제10장

디자인씽킹 기획을 24시간 안에 끝낸다?

필자는 디자인씽킹 관련 강연을 하면서 이런 질문을 많이 받았다.
"디자인씽킹을 빨리 활용하고 싶은데요, 쉽게 터득할 방법이 없을까요?"
고대 유럽의 어느 수학박사는 수학을 빨리 익힐 방법을 알려달라는 왕자의 말에,
"수학에는 왕족만을 위한 길이 없습니다"라고 대답했다던가.
하지만 세종대왕께서 만드신 한글이 익히기가 너무나 쉽다보니
'화장실에서 큰일을 한번 보는 동안에도 익힐 수 있다'면서 '변소글'이라는
웃지 못할 별명을 백성들이 붙였다지 않는가.
독자 여러분들도 필자가 다음 페이지에 소개하는 방법들을 따라한다면,
불과 24시간 안에 디자인씽킹을 실천할 수 있을 것이다.

37. 1단계. 여정 준비하기(2시간)

　－일을 시작하기 전에 먼저 탄탄한 협업 구조를 만들어라!

　본격적으로 디자인씽킹 프로젝트를 시작하기 전에 함께 일하는 사람들과 협업을 위한 약속과 합의를 해야 한다. 이 과정은 프로젝트 참여 맴버들이 비전을 미리 공유하고, 풀고자 하는 문제와 결과물의 모습을 협의하며, 함께 일하는 방법을 정하는 과정이다. 협업, 즉 모든 구성원들의 협력은 새로운 작업을 진행하면서 기존에는 미처 생각하지 못했거나 보지 못하고 넘어갔던 요소들을 '창의성'을 발휘하여 새롭게 발견하거나 활용할 수 있게 해주는 강력한 도구다.

　사실, 디자인씽킹의 결과물은 협업으로 만들어지는 작품이다. 더구나 디자인씽킹은 디자이너들은 물론 전략가, 개발자, 마케터 등 다양한 분야의 사람들과 함께 팀을 이루고서 진행해야 그 결과가 좋다. 특히, 문제 해결을 의뢰한 사람들의 경험을 빨리 습득해야만 한다.

문제는 "이런 다양한 사람들과의 협업을 어떻게 이끌 것이냐?"이다. 물론 독자들은 "협업이라 하면 점심 같이 먹고, 가끔 저녁에 회식하면서 친해지면 자연스럽게 이루어지지 않겠나"라고 생각할 것이다. 하지만 필자는 더욱 간결하면서 효과적인 협업 팀 만들기를 위한 방법을 아래에 소개하겠다.

(1) 디자인씽킹 프로세스 팀 참가자 모으고 파악하기

'먼저 누구와 함께 긴밀하게 일할 것인가?'라는 질문으로 협업의 범위를 정해야 한다. 디자인 업무를 함께 하는 참가자들은 물론, 문제 해결을 의뢰한 고객(또는 상사)까지 협업의 대상으로 포함시켜야 한다.

필자의 경험으로 볼 때, 디자인씽킹 프로세스를 접해보지 못한 고객(또는 상사)에게 강력한 신뢰감과 기대감을 주면서 자연스럽게 프로젝트에 참여시키고 몰입시키는 방법은 아래와 같다.

1) 몰입은 현관에서 시작된다

필자가 중국 상하이에서 비즈니스 호텔 디자인을 할 때였다. 필자는 고객 입장에서 영국 디자인컨설팅 회사인 워디프WhatIf와 협업을 진행했는데, 지금도 잊혀지지 않는 모습이 있다.

워디프의 프로젝트룸 현관에는 호텔 벨보이 옷을 입힌 마네킹이 서 있었다! 필자는 바로 그 창의적이고 유머러스한 고객 마중용 마네킹을 본 순간 프로젝트에 대한 워디프 직원들의 열정과 준비성을 강하게 느꼈다. 심지어 호텔의 바처럼 꾸민 프로젝트룸에서는 직접 고객의 입장에서 몰입해볼 수 있는 환경도 경험했다.

2) 짧은 시간에 많은 사람들과 친해진다
– 1시간 내에 다양한 활동들 중 1개 선택하기

서로 초면인 사람들 10명 정도가 함께 모였다고 상상해보라. 기존의 소개 방법은 모두가 회의실에 모인 뒤 회의 진행을 맡은 사람이 "자, 돌아가면서 자기소개를 간단히 해보지요!"라고 제의하면서 어색하게 시작하는 식이다. 필자는 디자인씽킹을 기반으로 서로를 짧은 시간 안에 유쾌하게 알아가는 과정을 소개하겠다.

① 선 가로지르기(Crossing the line)

프로젝트에 함께 참여하는 맴버들에 대한 대략적인 프로파일Profile을 확인하고, 창의적인 자세로 임하겠다고 다짐하는 '의식'이다. 10~20명 정도의 서로 잘 모르는 맴버들이 모인 뒤 분위기를 조성할 때 효과적이다.

▼ 방법

① 사무실 뒤쪽에 테이프나 끈 등으로 라인을 만든다.

② 맴버들을 라인 뒤쪽에 서게 한다.

③ 진행자는 맴버들에게 질문한다. 그럼으로써 그에 해당하는 사람
   들을 선별해 라인을 넘어와 업무/워크숍 공간으로 들어가게 한다.

④ 모든 맴버가 라인을 넘을 때까지 다양한 질문을 던진다.

⑤ 이 과정에서는 진행자의 재치가 중요하다. 그리고 전체적인 분
   위기를 끌어올려야 한다.

② **다자간 인터뷰(Multi-interview)**

짧은 시간 안에 10~15명 정도의 사람들이 서로를 소개하고 알아가
는 방법이다. 자신을 알리는 가장 좋은 기회가 되기도 한다.

▼ 방법

① 모일 사람들 수만큼의 종이로 만든 액자를 벽면에 붙인다.

② 진행자는 참가자들이 서로 돌아가면서 자유롭게 자신들의 이야
   기를 나누도록 과제를 준다.

③ 서로 돌아가면서 질문함으로써 자신을 자유롭게 소개하고, 상대
   방에 대해 궁금한 점을 묻는다.

④ 20분 뒤 각자에 대해 자신들이 파악한 것을 이야기한다.

⑤ 이때 폴라로이드 카메라로 대상자의 사진을 찍어 액자 중앙에

붙여둔다.

⑥ 진행자는 포스트잇으로 대상자에 대한 다양한 이야기를 메모한 뒤 각 액자에 붙인다.

⑦ 다시 자리를 옮겨 둘러앉은 뒤, 남에게 소개하지 못한 나만의 독특한 부분을 포스트잇에 적은 다음 진행자에게 제출한다

⑧ 진행자는 바로 그 포스트잇에 적힌 특징들을 읽어주고, 사람들은 그 특징을 가진 사람이 누구일지에 대해 이야기한다.

⑨ 마지막으로 언급된 사람이 자신에 대한 이야기라고 말한 뒤, 설명도 함께 곁들인다.

(2) 팀의 이름과 팀 규칙 만들기(1시간)

주어진 프로젝트와 관련된 서로의 비전을 공유하고, 함께 일하는 방법을 정하기 위해 팀 이름(Code name)과 팀 규칙(Ground Rule)을 정하는 과정이다.

1) 팀 이름 정하기

참가자 모두의 생각을 반영해 아래와 같은 조건과 기준에 따라 정해야 한다.

① 의미가 있고 이해하기 쉬워야 한다.

② 긍정적이고 에너지가 느껴져야 한다. 그러니 냉소적이거나 부정
   적인 단어는 지양한다.

③ 짧지만 위트가 담겨서 기억하기 쉽고 많은 사람이 언급할 수 있
   다면 더욱 좋다.

2) 팀 규칙 만들기

프로젝트에 참여하는 모든 사람들이 지켜야 할 규칙이다. 이는 강
한 팀을 만들기 위한 약속이기도 하다. 그러니 재미있고 모두가 지킬
수 있는 규칙을 만들기 위해 브레인스토밍brainstorming을 활용한다. 이
는 프로젝트를 시작하는 시점인 '팀 구성하기(Team-Building)' 과정에
서 진행한다.

이 과정은 각 참가자의 사고방식과 행동을 예측 가능하게 해줌으로
써 오해의 소지를 미리 방지하게 해주는 효과도 있다. 나중에 1일 단
위로 프로젝트를 마무리할 때, 각 참가자가 약속을 잘 지켰는지 확인
하는 데에도 활용할 수 있다.

▛ 방법

① 진행자는 팀원들 모두가 지켜야 할 규칙 5가지를 정하겠다고 안
   내한다.

② 각자 포스트잇에 꼭 해야 할 것, 하지 말아야 할 것을 자유롭게 적는다.

③ 참가자들 각자가 생각하는 것을 적되, 1개의 포스트잇에 1개의 규칙을 적는다.

④ 각자가 작성한 규칙을 차례대로 공유한 다음, 테이블 위에 펼쳐 놓는다.

⑤ 공유를 마치면 동일하거나 유사한 규칙들끼리 묶는다.

⑥ 팀원들의 의견을 종합한 뒤 모두가 지켜야 할 규칙 5가지를 정한다. 규칙은 '무엇을 해야 하는지 명확하게 파악할 수 있도록' 구체적으로 작성하는 것이 좋다. 예를 들면, '최선을 다해 열심히 하자'보다는, '회의 시간에는 각자 최소한 1개 이상씩 아이디어/의견 내기'와 같은 것이 좋다.

38. 2단계. 주제 살펴보기(2시간)

－앞으로 해야 할 일의 주제를 모든 참가자가
동일한 수준으로 이해하도록 만들어라!

(1) 해결해야 할 문제와 프로젝트의 범위
설정하기(1시간)

1) 바라는 것, 우려하는 것, 개인적 의지(Wishes, Worries, My Wills)

프로젝트를 바라보는 서로의 시각을 확인한다. 이 단계에서 각자가 바라는 것, 우려하는 것, 각오 등을 자유롭게 이야기하고 공유한다. 이는 프로젝트에 대해 각자가 어떻게 생각하는지 자연스럽게 파악할 수 있는 너무도 훌륭한 기회다. 아울러 프로젝트를 시작하기 전에 서로의 생각을 이해할 수도 있다. 즉, 다른 참가자들의 생각까지 공유하여 다 함께 같은 수준의 이해도를 가질 수 있다.

① 서로를 편하게 마주 볼 수 있도록 둘러앉는다.

② 프로젝트를 진행하면서 바라는 것(Wishes)을 개인별로 2~3개씩 포스트잇에 적은 다음, 돌아가면서 설명한다.

③ 진행자는 그 포스트잇을 자기소개 과정에서 사용했던 개인별 종이액자에 같이 붙여둔다.

④ 우려하는 것(Worries)과 개인적 의지(I wills)도 다시 ②와 ③에 따라 파악한다.

2) 프로젝트의 범위와 목표 설정

프로젝트의 방향을 설정하기 위한 아이디어, 목표(target)로 설정한 시장, 사업 영역 등에 대해 생각해보고 공유하는 단계다. 각자가 생각하는 프로젝트를 바라보는 시각, 조사해야 할 대상과 목표로 하는 산출물 등에 대해 제약 없이 의견을 나눌 수 있다.

① 끈 등을 사용해 바닥에 지름 약 2미터짜리 원형 경계를 만든다.

② 진행자는 미리 이번 프로젝트와 관련된 아이디어, 목표로 설정한 고객/시장, 업무 범위 등을 적은 A5 사이즈 종이를 보여준다.

③ 각 종이에 적힌 내용이 프로젝트의 범위에 속하느냐고 참가자들에게 묻는다.

④ 질문에 대한 생각을 서로 나눈다.

⑤ 종이에 적힌 내용이 범위에 들어간다면 종이를 원 안쪽에, 속하지 않는다면 종이를 원 바깥쪽에 둔다.

⑥ 참가자들이 자신의 생각을 빈 종이에 적어 추가할 수 있다.

⑦ 마지막에는 '범위 내(In Scope)'와 '범위 밖(Out of Scope)'으로 카드를 분류해 정리한다.

3) 이상적인 모습 그려보기

프로젝트의 주제에 관한 이상적인 결과물의 모습을 프로젝트 참가자들에게 미리 그려보게 한다. 예를 들면, 이상적인 호텔, 즉 '우리가 목표로 하는 호텔'의 모습이라든가, 그것을 '어떻게 만들 것인가(How to)'에 대해 브레인스토밍을 해보는 것이다. 이 과정을 거치면 짧은 시간에 많은 아이디어가 나올 뿐만 아니라, 관련 사업 경험이라든가 기존 제품 관련 지식이 있는 참가자의 경험과 노하우를 다른 참가자들도 확보할 수 있다. 나아가 '우리가 원하는 이상적인 호텔의 모습'이라든가, 그 호텔을 이용할 고객들을 찾아내는 가장 좋은 방법이다.

프로젝트를 본격적으로 시작하기 전에 이런 식으로 '이상적인 결과물'을 미리 그려보게 하는 이유가 하나 더 있다. 그것은 주제와 관련된 개인의 편견을 없애기 위함이다. 사실, 어떤 사람은 프로젝트의 주제에 관해 미리 '자신이 생각하는 이상적인 결론'을 내린다. 이런 사람들은 고집이 너무 강하다. 그래서 이후 어떤 과정을 거치든 상관없이 모든 새로운 발견들을 자신의 결론을 뒷받침하는 증거로만 활용하려고 한다. 이렇게 하면 새로운 것을 발견할 수 없다. 너무나 강한 편견은 기존의 틀을 깰 새로운 것을 허용하지 않기 때문이다.

이상적인 모습을 다른 사람들과 미리 공유하면, 자신의 결론이 얼마나 편협한지 깨닫게 된다. 그러면 다양한 새로운 것들을 받아들일 수 있는 생각의 공간도 생기게 된다.

▰ 방법

① 2~3명씩 그룹을 만든다.

② '어떤 기능을 탑재하는 것이 좋을지?', '어떤 고객 가치를 갖춘 제품·서비스인지?', '고객을 위해 어떤 문제를 해결해주어야 하는지?' 등에 대해 브레인스토밍으로 문장을 만든다. 예를 들면, 버스가 정류장에 들어오는 것을 봤을 때 뛰어야 할지, 걸어야 할지 결정해야 하는 순간 정보를 얻을 수 있게 하는 스마트폰 앱을 기획하는 것이다.

③ 각 그룹이 자신들이 만든 문장에 대해 설명함으로써 다른 그룹들과 공유한다.

④ 진행자는 '내가 만약 12세 어린이라면?', '내가 만약 아마존닷컴의 CEO인 제프 베조스라면?'이라고 묻는 식으로 관점을 바꾸면서 생각할 수 있도록 자극물을 제공한다.

⑤ 각 문장이 기재된 종이를 바닥에 깔아둔다.

(2) 트렌드와 시장의 요구 사항 파악하기(1시간)

디자인씽킹 프로젝트를 수행할 때 간과하기 쉬운 것이 시장이다. 그러나 타겟 고객(목표로 설정한 고객)들에 대한 깊이 있는 이해는, 해당 영역의 트렌드와 시장에 대한 이해가 없다면 불가능하다.

그러니 타겟 고객들을 이해하기 위해서라도 트렌드와 시장의 요구 사항을 미리 파악해야 한다. 이를 위해 시장을 아주 잘 이해한 사람을 참여시켜야 한다.

그러기가 힘들다면 위에 언급한 다양한 활동들을 통해 빠른 시간 내에 일정한 수준의 이해를 반드시 달성해야 한다.

1) 핵심 트렌드와 메타니즈Meta-Needs[*]를 파악

프로젝트와 관련하여 일어나고 있는 일을 조사하는 단계다.

▌ 방법

① 인터넷 검색, 트렌드 관련 도서, 경영경제 연구소의 보고서, 전문가 인터뷰 등을 통해 정치, 경제, 사회, 기술 등 4가지 관점에서 프로젝트와 관련된 주요 단어들을 구한다.

② 프로젝트 참가자들이 파악한 주요 단어들의 상호 관계와 영향력

---

[*] 현상적으로 파악되는 핵심 트렌드를 휴먼 니즈Human Needs 관점에서 재해석한 것이다. 이는 니즈 관점에서 사업 영역을 새롭게 재해석하는 데 유용하다.

등에 대해서 토론하고, 주목해야 할 트렌드를 우선 구한다.

③ 우선순위가 높은 트렌드를 중심으로 과거, 현재, 미래에 대한 통사적 분석(Historical Analysis)을 해봄으로써 기회 영역을 산출하기 위한 시사점을 이끌어낸다.

④ 이끌어낸 시사점을 포스트잇에 기록한 뒤 화이트보드에 부착해 니즈맵Needs-Map을 작성한다.

⑤ 유사한 니즈를 분류(Clustering)한 뒤, 토론을 통해 좀 더 명확한 분류를 반복한다. 그럼으로써 메타니즈를 정의한다.

2) 유사 서비스 조사·분석

진행하려는 사업과 '동일하거나 유사한 영역'에서 실제로 존재하는 제품·서비스를 조사한다.

▌ **방법**

① 해당 제품·서비스를 제공히는 매장을 방문하거나 직접 구매, 다운로드해 사용해본다.

② 해당 제품·서비스가 목표로 하는 고객, 고객들에게 제공하는 가치, 핵심 프로세스(Key Process), 사용성, 성과 등을 파악해본다.

③ 각 제품·서비스의 사용에 대한 고객의 피드백을 수집해본다.

39. 3단계. 고객과 공감하기(6시간)

- 고객들과 공감하라!

(1) 나의 고객은 누구인가?(1시간)

제품·서비스가 완성되었을 때, 이것을 구매하고 사용할 고객들이 누구인가를 먼저 정의해보는 단계다. 즉, 이 단계에서는 '2단계'에서 발견했던 트렌드와 메타니즈로 타겟target 고객들을 정의한다. 만약 이 과정이 생략되면 고객 리서치를 통해 고객의 니즈에 관한 아이디어를 구한 뒤에도 최종 결과물을 정리할 때 혼란스럽다.

한편, 타겟 고객들을 명확하게 파악하는 활동은 바로 다음 단계에서 진행될 리서치 대상 고객들을 결정하는 데에도 중요하게 작용한다. 그런데 리서치 과정에서 활용되는 고객 심층 인터뷰는 소수의 사람들을 대상으로 진행할 수밖에 없다. 이러한 활동에 할당할 수 있는 시간과 예산이 제한되어있기 때문이다. 이를 위해서는 타겟 고객에 대한 명확한 정의를 미리 해두어야 한다.

▼ 방법

① 타겟 고객의 인구학적 특성(연령대, 성별, 직업, 수입, 거주 지역 등)을 정의해본다.

② 타겟 고객의 라이프 스타일(취미, 일상 습관, 좋아하는/싫어하는 것 등)을 확인해본다.

③ 타겟 고객의 목표와 삶의 가치(일상의 목표, 추구하는 가치 등)를 적어본다.

④ 주제 영역과 관련된 타겟 고객의 주요 행태(주로 이용하는 서비스, 정보 습득 방법 등)를 적어본다.

(2) 누구에게서 인사이트를 얻어야 하나?(1시간)

위에서 정의한 타겟 고객 중 누구나 우리에게 새로운 인사이트를 제공해주지는 않는다. 그러니 우리가 타겟 고객들이 있는 현장을 방문하여 관찰과 인터뷰를 하더라도, 준비가 되어있지 않으면 의외로 얻을 것이 많지 않다.

이를 위해서는 준비가 필요하다. 그 가운데 가장 중요한 것이 바로 '누구를 만날 것인가?'를 설정하는 것이다. 이는 핵심 문제를 잘 정의하려면 분석을 잘 해야 하고, 분석을 잘 하려면 그 재료가 될 양질의 고객 인터뷰 데이터가 필요하기 때문이다.

▼ 방법

① 타겟 고객들 중 주제와 관련하여 '빈번한 이용 행태를 보이는 고객들'을 정의한다.

② 이러한 고객들을 '익스트림Extreme 고객'이라고 부른다.

③ ①에서 정의한 타겟 고객의 인구학적 특성과 주요 행태들을 고려한 뒤, 최상위 고객들을 선별한다.

④ 고객들에게서 인사이트를 얻는다는 것은 '고객의 에너지가 높은 순간'을 포착하는 것이다. 그러므로 이를 비교적 잘 표현해줄 수 있는 '서비스 사용의 극단에 위치한' 익스트림 고객들을 관찰과 인터뷰의 대상으로 정한다.

> **`Tip-1`** 자기 진단 - 나는 고객을 만날 준비가 되어있는가?
>
> 아래의 3가지 상황을 읽어본 다음 자신의 경우와 가장 유사하다고 생각되는 '나의 반응과 조언'의 예를 선택한다.
>
> **상황 1**
> 최근 송 매니저가 근무 의욕이 떨어진 것 같았다. 그래서 면담을 해보니, 다음과

같은 이야기를 했다.

"아프지는 않습니다. 단지 입사 이래 지금까지 계속 같은 업무만 하니까 권태롭네요. 그래요. 제가 맡은 일은 너무 단조로워서 지겹습니다."

나의 반응과 조언

① 그런 생각이 드는 것도 무리는 아니라고 생각해. 송 매니저는 워낙 잘 참아온 셈이지. 그러나 세상 일이 어디 자기 뜻대로 되겠어. 내가 도와줄테니, 다시 한 번 열심히 해보자고.

② 어려움은 잘 알겠는데, 송 매니저가 이 일을 하지 않으면 누군가가 반드시 대신해야 하지 않을까? 그렇지 않으면 판매가 이루어지지 않는데…. 그러니 자신이 하는 일에 보람과 긍지를 가지도록 노력해보자고.

③ 단순하고 힘든 일을 계속 하다보니 이젠 몸도 마음도 지쳐버려서 도무지 의욕이 나지 않는다는 이야기군.

④ 직장 생활을 하다보면 권태기라는 것이 있어. 나도 경험해봤지. 송 매니저도 그 권태기에 든 모양인데, 그때를 잘 넘겨야 해.

상황 2

최 매니저가 찾아와 자기 고민을 이야기하고 있다.

"지난 여름 휴가 때 만난 아가씨입니다. 처음에는 별 생각 없이 사귀었는데, 이제 알고 보니 나이가 저보다 다섯 살이 위입니다. 몇 번씩 만나서 이야기를 해봐도 결정을 내릴 수가 없습니다. 아가씨 측에서도 많이 고민을 하고 있습니다. 이런 경우는 어떻게 하면 좋습니까?"

나의 반응과 조언

① 둘만 좋다면 나이가 무슨 상관이 있습니까? 더구나 요즘은 그런 것은 거의 따지지 않는 세상이 아닙니까?

② 그건 진짜 신중히 생각해봐야 할 문제인 것 같습니다. 상당히 어렵겠는데요.

③ 결혼 상대로 생각하고 있는 모양이군요. 그런데, 이것저것 따지면 결혼하기 진짜 어렵습니다. 어지간한 것은 그냥 덮어버리세요.

④ 우연히 만나서 사랑하게 되었는데, 알고 보니 연상의 아가씨라 결혼을 결심하기 어렵고, 그 때문에 상당히 고민하는 모양이군요.

상황 3

기획팀에 사직자가 생겼다. 그래서 전략팀에서 한 사람을 기획팀으로 보내야 한다. 이 매니저에게 의견을 물었더니, "꼭 제가 가야 됩니까? 다른 사람들도 있는데요. 저는 친구들이 전략팀에 다 있어요. 기획팀에 가서 혼자 어떻게 다녀요. 친한 친구도 못 만나고…"라고 한다.

나의 반응과 조언

① 그래 나도 여러모로 생각을 해봤어. 하지만 역량이나 그 외 여러 가지를 생각한 끝에 나는 이 매니저가 기획팀으로 가는 게 가장 좋다고 생각했는데… 이 매니저 처럼 착실하고 열심히 일하는 사람이 필요해서 그러는 거야.

② 친구들과 떨어진 채 혼자만 기획팀으로 가는 것이 상당히 부담스럽고, 가급적 가지 않았으면 좋겠다는 거구먼….

③ 그러면 보낼만한 다른 사람 좀 소개해봐.

④ 기획팀으로 가더라도 멀리 가는 것도 아니고, 점심시간이나 일과시간 후에는 친구들을 얼마든지 만날 수 있지 않나요?

위의 각 상황에 대한 '나의 반응과 조언 선택'에 따른 점수가 있다. 이 점수는 최고 +6점에서 최저 -3점까지다.

상황 \ 반응과 조언	①	②	③	④
1	+1	−1	+2	−1
2	−1	+1	−1	+2
3	+1	−1	−1	+2

(테스트 인용: 고려대학교 심리학과 조천제 교수의 〈대인 관계 향상 교육 과정〉)

물론 답은 없다. 하지만 이러한 점수 차이는 왜 나타날까?

우리 중 거의 대부분은 고객으로부터 어떤 이야기나 불평을 들으면, 일단 해결 방법부터 생각한다. 심지어 고객의 이야기가 아직 끝나지도 않았는데, 머리속에서는 '그 문제'를 해결하기 위한 방안과 그것을 수행하는 데 필요한 담당 인력, 프로세스, 예산, 시간 등이 명료하게 작성된다. 그리고는 '나는 정말 현명한 사람이야!'라고 스스로에게 감탄한다. 물론 오늘 인터뷰에서 자료를 모두 얻었다며 만족한다.

마침내 아직도 할 말이 많은 고객 앞에서 이 문제에 대한 결론을 내리고는, 사무실로 돌아가 기획서를 작성한다. 이러한 상황은 가정에서도 늘 일어난다. 부부간의 대화에서도 서로 이야기가 끝나기도 전에 추가적인 질문 없이 "그건 이렇게 하면 되잖아!"라는 식으로 바로 내가 '최적의 솔루션'이라고 생각하는 것을 강요한다. 그러나 실제로 고객은 자신이 이야기하려는 것을 다양한 형태의 언어로 표현한다. 즉, 그것은 때로는 상황으로, 때로는 감정으로, 때로는 누군가를 향한 비난으로 표현된다.

그런데, 이러한 상황에서 디자인씽킹 디자이너들은 솔루션을 바로 제안하지 않는다. 먼저, '왜 그렇게 되었나?'를 떠올리며 더욱 주의 깊게 듣는다. "왜(Why)?"를 적어도 3번 이상 반복한다. 그럼으로써 고객이 진정 하고 싶은 이야기가 무엇인지를 확인한다. 디자인씽킹 디자이너들은 "고객을 제대로 이해하려면 내 경험의 틀에 나를 가두지 말고, 새로운 세상을 탐험한다는 마음으로 고객의 이야기를 편견 없이 경청해야 한다"는 사실을 아주 잘 알고 있다.

(3) 실제로 인터뷰를 하면서 파악할 것(4시간)

– 무엇을 어떻게 물어봐야 하는가?

1) 인터뷰는 왜 하는가?

인터뷰의 목적은 분명하다. 고객이 진정으로 원하는 것을 듣기 위함이다. 고객이 원하는 것을 알 수 있어야 구매와 사용으로 이어질만한 매력적인 제품·서비스를 만들 수 있다.

물론 고객 자신이 자기가 원하는 것을 잘 알고 있으며, 서비스 제공자가 알아들을 수 있는 형태로 말하는 경우도 있다. 아마도 각 회사들이 가지고 있는 고객 요구 사항(VOC, voice of customer) 관련 데이터나 내용이 그 예일 것이다. 하지만 그 내용은 주로 '잘 이루어지지 않고 있는 것' 또는 '불만에 대한 해결 요구'이다.

사실, 필자가 수년간 디자인씽킹을 통해 일한 경험으로 보면, 고객들은 대개 자신이 원하는 것이 무엇인지를 정확하게 알지 못하는 경우가 많다. 그러니까 고객들은 자신이 원하는 것, 좋아하는 것이 무엇인지를 논리적으로 정리하지 않는다. 그보다 습관으로 파악한, 경험으로 일상화한, 혹은 그때그때 좋다고 느끼는 것이나 유행을 반복적으로 소비할 뿐이다. 그래서 디자인씽킹 인터뷰의 또 하나의 중요한 목적은 바로 '고객 자신이 정말로 원하는 것을 표현할 수 있도록 이끌어주는 것"이다. 이는 다양한 기술과 전문성, 경험이 요구되는 아주 어려운 작업이다.

예를 들어, 라면을 사러 편의점에 갔다고 가정해보자. 수많은 라면들 중에서 습관적으로 손이 가는 라면이 1~2개 정도 있을 것이다. 하지만 "왜 그 라면을 선택했나요?"라는 질문을 받으면 명확한 이유를 말하기가 어렵다. '습관적으로', '맛있으니까' 정도일 것이다. 그러나 '맛있다'라는 근거는 새로운 라면 개발에 큰 도움이 될 만한 고객 니즈가 아니다. 단지 활용하기 어려운 '추상적인 이야기'일 뿐이다.

반면, 특정한 라면을 좋아하는 이유에 대해 디자인씽킹 방법론으로 인터뷰하면, 다음과 같은 이야기들이 나온다. '짭짤해서', '밥 말아먹기 좋아서', '매운 것을 먹으면 스트레스가 풀려서', '포장이 예쁘고 귀여워서' 등이다. 즉, 고객 자신도 몰랐던, 하지만 경험상 분명히 느끼고 있던 마음속 깊은 곳에 존재하는 감정과 니즈가 쏟아져나온다.

종합해보면, 이런 것이다. 디자인씽킹 인터뷰의 목적은 단순히 묻기 위함이 아닌 것이다. '고객들의 마음속 깊은 곳에 있는 생각을 이끌어낼 수 있도록 고객의 마음을 밖으로 표현하게 만들어주는 것'이다.

그러니까 고객이 파악하지 못하는, 하지만 분명한 경험과 선호로 이루어진 '마음속 깊은 곳의 충족되지 않은 니즈(Unmet Needs)'를, 고객 스스로의 입으로 명확하게 표현하도록 돕는 과정이다.

2) 기자의 인터뷰와 무엇이 다른가?

우리는 흔히 '인터뷰'라고 하면 묻고 답하기의 문답법을 생각한다.

하지만 디자인씽킹 인터뷰는 다르다. 디자인씽킹 인터뷰의 목적은 고객의 이야기를 듣는 것이다. 그리고, 고객들이 더 중요하다고 생각하는 이야기를 자유롭게 털어놓을 수 있도록 이끌어주는 것이다. 그래서 질문자의 질문은 적을수록 좋다.

디자인씽킹 인터뷰는 정해진 질문을 순서대로 하는 것이 아니다. 고객의 답변과 말하는 주제에 따라서 질문의 순서를 그때 그때 재설계해야 한다. 그러니까 미리 준비한 순서대로 질문을 던지는 게 아니라, 진행자가 인터뷰 도중에 순발력과 재치를 활용하여 머릿속에서 다음 질문을 구상해야 한다.

그래서 고객이 우선적으로 말하고 싶어하는 관심사에 대한 질문들에 집중하는 것은, 디자인씽킹 인터뷰의 중요한 기술 중 하나다. 예를 들어 고객이 특정 제품·서비스에 대해 불만을 털어놓기 시작하면, 질문자도 그 제품·서비스에 적대적인 사람인 것처럼 고객의 이야기에 공감하거나 받아주어야 한다. 고객이 그 제품·서비스의 단점을 한창 이야기하는데, "혹시 장점은 없나요?"라고 물으면, 고객은 자신이 방해를 받았다고 생각하고 말문을 닫는다.

디자인씽킹 인터뷰를 통해서 구해야 것은 '단순한 정보'가 아니라 '고객의 니즈'임을 명심하라! 그러니 디자인씽킹 인터뷰를 할 때에는 고객이 감정과 경험, 개인적인 생각들을 자유롭게 표현할 수 있도록 분위기를 조성해야 한다.

전문적인 인터뷰를 하려면 많은 훈련을 함으로써 관련 기술을 익혀야 한다. 그러니까 섭외 방법, 인터뷰 장소 선정, 인터뷰 방법 등에 관한 기술을 익혀야 하는 것이다. 일단 필자는 인터뷰 때의 대화의 방식과 관련된 인터뷰 원칙만 언급하겠다.

방법

① 대화의 주인공은 고객이어야 한다. 질문자는 너무 많이 이야기하거나, 고객의 이야기를 가로채서는 안 된다. 그러니까 '질문 후 경청'이 아니라, '경청 후 관련된 내용을 질문'한다.

② 고객이 사용하는 용어를 사용한다. 고객이 틀린 용어로 말하더라도, 정정해주거나 지적하지 않는다. 그러니까 어떤 상황에서도 고객을 당황하게 해서는 안 된다. 고객이 '스타벅스'를 '스타박스'라고 이야기한다면, 그때부터는 진행자도 고객처럼 "스타박스에 얼마나 자주 가세요?"라고 질문해야 한다.

③ 질문자는 바보가 되어야 한다. 그래야 고객은 안심하고서 자신이 아는 모든 것을 털어놓는다. 질문자가 많이 아는 척하면 그때

부터 고객은 이야기를 하지 않는다. 전문가 앞에서 주름잡다가 체면 구기고 싶은 고객은 없을 것이다.

④ 고객이 말하고 싶어하는 것을 먼저 파악하고 묻는다. 고객이 이야기하는 내용과 전혀 관련 없는 내용을 질문하면, 고객은 어서 인터뷰를 끝내고 싶어진다. 고객이 이야기하는 것이 인터뷰 말미에 물어봐야 할 내용이더라도, 일단 고객의 입에서 나왔다면 그와 관련된 질문으로 자연스럽게 넘어간다.

⑤ 질문자는 방청객처럼 행동한다. 재미있게 들어주는 것만큼 고객이 더 잘 이야기하게 만드는 것도 없다.

⑥ 이론이나 지식이 아니라 '고객의 경험'을 물어봐야 한다. 고객은 자신의 경험에 대해 이야기할 때 가장 편하게 이야기할 수 있기 때문이다. 그럼으로써 자신이 원하는 것이 무엇인지를 스스로 깨달을 수 있다.

⑦ 고객의 행동이나 경험을 물은 뒤, "왜(why) 그러셨습니까?"라고 물어봐야 한다. '어떻게 행동했다'는 것은 곧 사실(fact) 그 자체이기 때문에 왜 그렇게 행동했는지를 알아야 새로운 디자인에 활용할 힌트도 구할 수 있다. 그리고 어떤 현상의 이유를 파악하려면 적어도 3~4번 물어봐야 한다. 그래야 진짜 이유를 파악할 수 있다. 질문자는 '변명을 하거나 속마음을 이야기하지 않는 어린아이'의 마음을 파헤치듯이 고객에게 질문해야 한다. 단, 고객이 부담스러워하지 않도록 말투를 조절해야 한다!

3) 현장 인터뷰를 위한 준비물

- 카메라 – 인터뷰 현장, 고객이 보여주는 특정한 자료나 휴대폰 화면, 인터뷰 중 발생한 특정한 상황 등을 촬영한다. 사진이나 동영상만큼 좋은 기록도 없다. 단, 고객이 부담스러워하지 않도록 컴팩트 사이즈의 카메라를 활용한다.

- 녹음기 – 인터뷰의 시작부터 끝까지 모든 대화를 녹음한다. 베터리가 충분한지 미리 확인해야 하며, 녹음 시작 전에 남아있는 메모리의 양도 반드시 확인한다. 인터뷰를 준비하면서 가장 많이 일어나는 긴급 사태는 녹음을 시작하기 전에 메모리나 배터리가 충분하다고 판단했어도, 인터뷰 시간이 뜻밖에 길어지면 메모리나 배터리가 없어서 작동이 중단되는 상황이다.

- 캠코더, 삼각대, 보조배터리 – 캠코더 촬영 시 삼각대는 필수적이다. 손으로 들고 있으면 화면이 흔들릴 수 있기 때문이다. 특히 2~3시간짜리 촬영 때에는 보조배터리를 반드시 챙겨야 한다.

- 노트와 펜 – 빠른 기록이 가능한 제품을 갖춘다. 펜은 필기감이 부드럽고 너무 두껍지 않은 것이 좋다. 노트는 빠른 기록을 하면서 페이지를 넘기는 것이 어렵지 않은 제품이 좋다.

- 질문지 – 너무 많은 페이지로 이루어지지 않도록 한다. 인터뷰 중간에 질문자가 질문지를 보거나 질문 항목을 찾는 행위는 고객과의 유기적이고 자연스러운 대화를 방해하기 때문이다. 가급적 단 1페이지에 모든 질문을 넣는 것이 좋다.

4) 현장 인터뷰에 참가하는 인원

디자인씽킹 인터뷰에는 적어도 3명의 인원이 필요하다. 이들이 한 팀을 구성하고서 인터뷰를 준비하고 진행하는 것이다. 3명일 경우 각자의 역할과 진행 단계는 다음과 같다.

① 인터뷰 진행자

인터뷰의 진행을 총괄하며, 고객과 대화하는 유일한 사람이다. 인터뷰 팀이 고객에게는 '자신의 말을 경청하는 사람들'로 느껴질 수 있기 때문에 진행자는 인터뷰의 시작부터 끝까지 고객이 부담스러워하지 않도록 책임져야 한다. 물론 다른 참가자들은 진행자와 고객의 대화에 끼어들어서는 안 된다. 추가적인 질문이나 첨언할 내용이 있다면 모든 인터뷰가 끝난 후 진행자의 허락을 받은 뒤에 말한다.

앞에서도 말했듯이, 디자인씽킹 인터뷰는 단순한 문답(Q&A)이 아니다. 고객의 반응과 답에 따라 질문의 순서와 내용이 바뀌는 역동적인 과정이다. 그러니 진행자의 의도와 목적에 따라 인터뷰를 진행할 수 있도록 주변 사람들은 가급적 진행자를 방해해서는 안 된다. 고객은 어떤 질문을 어떻게 받느냐에 따라 완전히 다른 내용의 답변을 하기 때문이다. 답변하는 태도도 달라질 수 있다. 이는 인터뷰 진행 전반에도 영향을 미친다.

② **기록자**

인터뷰의 내용을 빠짐없이 모두 기록한다. 고객의 답변은 물론 진행자의 질문까지 기록한다. 주의할 점은 기록자가 자신의 판단에 따라 고객의 이야기를 줄인다든가, 고객의 표현을 자신의 언어로 바꾸는 작업을 하면 안 된다는 것이다. 가급적 고객의 이야기를 고스란히 기록해야 한다.

기록을 할 때에는 노트북 컴퓨터보다는 펜과 노트를 활용한다. 고객의 이야기를 누군가가 키보드를 두들기며 기록하는 행동이나, 이로 인한 소음은 인터뷰를 방해하거나 인터뷰 대상자(고객)를 부담스럽게 할 수 있기 때문이다. 고객이 자신의 솔직한 이야기를 하는 것을 방해하는 행동은 가급적 피해야 한다.

③ **촬영자**

인터뷰를 녹음하고 촬영한다. 녹음기는 인터뷰 시작 전에 작동시킨다. 촬영은 영상 촬영과 사진 촬영으로 나뉜다. 인터뷰가 시작되기 전에 고객의 얼굴 표정과 상반신을 잘 담을 수 있을 만한 곳에 캠코더를 설치한다. 또한 인터뷰 진행 중 중요한 순간이나, 고객이 보여주는 자료, 휴대폰 화면 등을 카메라로 찍어 기록한다.

인터뷰 중간에 발생할 수 있는 돌발 상황(예를 들면 인터뷰 공간에 누군가가 들어온다든가, 전화벨이 울린다든가)에 대한 대처도 촬영자가 책임진다. 즉, 어떠한 상황에서도 진행자와 고객이 원활한 인터뷰를 할 수 있도록 환경을 조성하고 유지시켜주는 것도 촬영자의 역할이다.

④ 인터뷰 진행 단계

대화와 질문은 인터뷰 시작부터 끝까지 동일할 수는 없다. 사람과의 만남이나 연애가 그렇듯, 2~3시간짜리 짧은 인터뷰도 기승전결을 가지고 있다. 특히 이 기승전결은 인터뷰의 목적인 고객의 솔직한 이야기 끌어내기, 그러니까 고객 마음속 깊은 곳의 니즈를 이끌어내기 위함이라는 사실을 기억해야 한다. 그러므로 인터뷰는 다음과 같은 4개 단계(Step)에 따라 진행한다.

Step 1. 인터뷰 시작 – 친해지기

진행자와 고객은 서로를 처음 봤다. 처음 본 사람들끼리 대화를 편안하게 시작할 수는 없다. 그래서 진행자는 고객을 웃길 개그맨이 되어야 한다. 예를 들면 인터뷰 시작 전에 간단한 농담을 하거나 안부를 묻는다. 이런 식으로 고객이 말하고 싶어하는 분위기를 자연스럽게 형성한다. 자연스럽게 고객과 친해지면, 짧은 시간에 더 많은 이야기를 이끌어낼 수 있다.

진행자는 이 인터뷰가 어떤 용도로 쓰일 것인지, 정보 공개는 어느 수준까지 이루어질 것인지도 명확히 알려주어야 한다. 그래야 고객은 안심하고서 인터뷰에 응할 수 있다. 아울러 인터뷰 시간, 주의할 점, 인터뷰 주제 등도 미리 알려주면, 고객은 인터뷰의 목적을 명확히 알게 되기 때문에 긴장을 풀 수 있다.

인터뷰가 오래 진행될 것 같으면 음료나 차 등을 대접한다.

Step 2. 인터뷰 초반 - 열어놓고 물어보기

인터뷰 초반에는 구체적인 질문보다 '크고 열린 질문(Open Question)'을 던진다. 예를 들면, 이 인터뷰가 A사의 네비게이션에 관한 것이라고 해보자. 그러면 처음부터 "A사의 네비게이션은 어떤 점이 불편한가요?"라고 물어보면 안 된다. "A사의 네비게이션은 어떻던가요?" 혹은 "A사의 네비게이션을 써보시니 어땠나요?"라고 묻는다. 고객이 A사의 네비게이션에 대해 좋은 인상을 가지고 있는지, 혹은 나쁜 경험을 가지고 있는지 알 수 없기 때문이다

처음부터 너무 깊게, 방향성을 가지고 질문하지 않는다. 처음에는 열린 질문(Open Question)을 하고, 고객의 답변을 힌트로 삼아 다음 질문을 이어나간다.

인터뷰 주제에 대한 고객의 전반적인 인식과 생각도 파악한다. 그러니까 진행자는 자신의 마음을 조금 열고서 거리를 두고 고객이 어떤 성향을 가진 사람인지 파악해야 한다.

Step 3. 인터뷰 중반 - 깊고 다양하게 물어보기

고객이 열린 질문에 대답했으면, 진행자는 그 답변의 꼬리를 물고 또 질문해야한다. A사의 네비게이션이 좋다고 했다면 왜 좋은지? 좋

다고 생각하게 해준 구체적인 경험이 무엇인지? 좋다고 생각하는 비슷한 제품이 있는지? 반대 의견을 들은 적은 없는지? 등의 순으로 구체적이고 깊이 있게 질문한다.

같은 질문을 더욱 구체적으로 다양하게 할 수도 있다. 인터뷰 초반이 고객의 스타일이나 선호하는 것, 가지고 있는 생각을 묻는 단계라면, 인터뷰 중반은 초반 대화에서 나온 답변을 근거로 삼아 구체적인 경험과 생각을 묻는 단계임을 명심하라. 특히 고객이 답변을 하면 "왜 그렇게 생각하시나요?" 혹은 "그렇게 느끼시는 이유는 무엇인지요?" 같은 '왜(Why)'가 늘 뒤따라야 한다.

Step 4. 인터뷰 후반 – 추가 질문 및 검증

본격적인 인터뷰가 마무리되면, 본 인터뷰에서는 하지 못했던 질문들을 추가한다. 그리고 주변의 인터뷰 참가자들에게도 인터뷰 기회를 준다. 그러면서 고객에게 더 이야기하고 싶으신 것이 있느냐고 묻는다. 중요한 이야기는 이럴 때 나오기도 한다. 고객이 인터뷰 때 잘못 이야기했거나 정정하고 싶은 부분이 없는지도 확인한다.

진행자가 인터뷰를 하면서 미심쩍었던 부분을 다시 한 번 물어보는 것도 가능하다. 하지만 이는 인터뷰 마지막 단계에서 묻는 것을 원칙으로 한다. 고객은 자신이 의심을 받고 있다는 느낌이 들면 소극적으로 행동하기 때문이다.

⑤ 인터뷰 진행의 기술 체크 리스트

아래의 내용을 활용하면 "나는 인터뷰를 잘 하는 사람인가?"를 스스로 확인해볼 수 있다.

◤ 잘하고 있는 기술

약속 시간에 맞춰 도착한다.	☐
옷을 정결하게 입는다.	☐
필요할 때 인터뷰 대상자(고객)의 이야기에 공감을 표시한다.	☐
인터뷰 대상자(고객)의 도움에 감사를 표한다.	☐
인터뷰 대상자(고객)의 말을 주의 깊게 들으며, 핵심 포인트와 깊은 의미를 내포하고 있는 사항을 놓치지 않는다.	☐
인터뷰 대상자(고객)가 인터뷰를 주도하도록 해준다. 그러니까 고객이 말하고 있는데 진행자가 갑작스럽게 끼어들지 않는다.	☐
주제를 바꿀 때 그 주제에 대해 설명하고, 이것이 전체 인터뷰 계획과 어떻게 부합하는지 이해할 수 있도록 이야기해준다.	☐
진행자는 인터뷰 대상자(고객)와 눈을 자연스럽게 맞추면서 대화한다.	☐
필요할 때 "왜(Why)?"라고 질문함으로써 인터뷰 대상자(고객)가 한 말에 담긴 깊은 의미를 파악한다.	☐
추가 정보가 필요하다면 인터뷰 대상자(고객)에게 질문해 확인한다.	☐
명확한 확인을 해야 한다면 인터뷰 대상자(고객)에게 다시 질문한다.	☐
질문할 때에는 가급적 인터뷰 대상자(고객)의 언어를 사용한다.	☐

인터뷰 대상자의 말을 중간에 끊는다.	☐
인터뷰 대상자가 방금 설명한 것과 동일한 내용을 다시 묻는다.	☐
인터뷰 대상자가 이야기하지 않은 것을 유도 질문한다.	☐
인터뷰 대상자가 이야기한 것을 판단하거나, 대답의 신빙성을 의심한다.	☐
인터뷰 진행자가 중요하다고 생각하는 질문만을 중점적으로 물어본다.	☐
인터뷰를 방해하는 것(스마트폰 등)들을 자주 사용한다.	☐
인터뷰 대상자의 감정에 무관심하거나 공감을 표현하지 않는다.	☐
인터뷰 대상자가 주제에 벗어난 이야기를 장시간 혼자 하도록 놓아둔다.	☐
한 번에 여러 가지 질문을 동시에 한다.	☐

Tip-2 생각의 스위치를 켜라!

동영상을 촬영하려면 캠코더의 '녹화' 버튼을 눌러야 하듯이, 사람의 뇌도 '기억을 해야겠다'고 마음을 먹어야 기억을 할 수 있다고 한다. 미국 펜스테이트 대학 심리학과 교수인 브래드 위블과 후이 첸이 100명의 지원자들을 대상으로 실험한 결과다.

위블과 첸은 지원자들에게 숫자와 글자로 구성된 문구를 주면서 글자의 '위치'를 물어볼 것이라고 말했다. 잠시 뒤 실제로 글자의 '위치'를 물었더니 지원자들 중 대부분이 정확하게 맞혔다. 그러자 위블과 첸은 "무슨 글자였나요?"라고 구체적으로 물었다. 이는 애초에 질문하겠다고 말하지 않았던 것이었다. 무슨 글자였는지 정확하게 대답한 지원자는 25퍼센트뿐이었다. 이번에는 글자의 위치뿐만 아니라 그 글자가 무엇인지까지 물어보겠다고 말한 뒤 다시 실험했다. 이 실험에서는 최대 95퍼센트의 지원자가 글자를 정확하게 맞혔다.

이로써 두 교수는 사람의 기억 활동이 캠코더와 같은 원리로 작동한다고 결론을 내렸다. 캠코더의 렌즈에는 많은 영상이 잡히지만, 실제로 녹화 버튼을 누르지 않으면 아무것도 녹화되지 않는다. 그렇듯이 사람의 뇌도 뭔가를 기억하려면 뇌의 스위치를 켜야 한다는 것이다. 즉, '그걸 기억해야겠어!'라고 마음을 먹어야 기억이 이루

어진다는 것이다.(연합뉴스 2015년 2월 2일 자 기사에서 인용)

일반적으로 고객 정성 조사 때에는 인터뷰를 많이 진행한다. 그런데 디자인씽킹에서는 이러한 인터뷰를 반드시 고객의 집에서 해야 한다고 고집한다. 커피숍이나 사무실에서 따로 만나도 될텐데 굳이 집에서 해야 한다고 주장하는 이유는 무엇일까? 그 이유를 예를 들어 이야기하겠다.

필자가 스마트폰으로 음악을 듣는 경험을 주제로 프로젝트를 진행했을 때였다. 이때 인터뷰를 위해 모신 고객은 아주 많은 음악을 다운로드하는 헤비유저(나이는 20대 후반)였다.

그런데, 고객의 부득이한 사정 때문에 집 대신 그 고객의 사무실 근처에서 만나기로 했다. 그러나 고객은 인터뷰에 가지고 나오기로 약속했던 노트북 컴퓨터, 무선인터넷 동글, 스마트폰 등을 전혀 가져오지 않았다. 노트북 컴퓨터는 친구에게 빌려주었고, 스마트폰은 사무실에서 가지고 오지 않았다는 것이다. 결국 그 인터뷰는 취소되었다. 물론 인터뷰를 그냥 진행했더라도 많은 이야기를 들을 수 있었을 것이다. 그런데 왜 그랬느냐고 묻는다면 이렇게 대답하겠다.

사실, 해당 제품에 대한 고객의 이야기는 결국 고객 본인이 해당 제품을 사용하면서 경험했던 것에 대한 기억에서 나오기 마련이다. 그런데, 실제로 사용하는 해당 제품이 없으면 그 기억이 제대로 나오지 않는다. 기억은 경험의 흔적이기 때문이다. 그런데 이러한 경험의 흔적은 시간이 지날수록 빨리 사라진다. 그래서 조금이라도 기억을 잘 하도록 만들려면 직접 사용하고 있거나 사용했던 해당 제품을 보도록 해주어야 한다. 더구나, 그것을 직접 사용했던 공간인 집이면 더욱 좋다.

40. 4단계. 핵심 문제 정의하기(6시간)

– 핵심 문제를 정의하라!

이 단계는 트렌드, 메타니즈, 고객 조사 결과를 종합적으로 분석하여 인사이트로 변환하는 매우 중요한 과정이다. 그러다보니 자연스럽게 반복적인 작업이 요구된다. 또한 발견한 것들을 다양한 관점에서 합치고 해석하는 노력들도 필요하다.

새로운 제품·서비스를 준비하는 사람들이 자신감을 얻을 수 있는 때도 바로 이 단계다. 이 단계의 결과물은 고객들로부터 얻은 구체적인 데이터를 해석함으로써, '내가 주장하려는 것'을 '나의 언어'로 추상화하는 과정이다.

(1) 새롭게 알게 된 사실이 뭐지?

이 단계를 마쳤다면 바로 위 질문에 답을 할 수 있어야 한다. 물론 '해결하려는 문제의 핵심이 무엇인지' 그리고 '새롭게 알게 된 사실이 무엇인지'를 한 마디로 정리할 수 있어야 한다. 그러니까 수십 페이지 짜리 보고서에 적힌 글과 그림 대신, 이 작업에 참여했던 사람들의 입을 통해서 말이다.

야구 감독 김성근이 SK와이번스의 새 감독으로 부임했을 때였다. 그는 부임하자마자 특별한 훈련을 개시했다. 그 훈련의 목적은 팀의 방어율을 낮추는 것이었다. 팀의 방어율은 게임당 상대 타자들에게 허용하는 점수다. 이에 대한 기존의 해결책은 우수한 투수를 영입하는 것이었다. 투수가 마운드에서 안타를 하나도 허용하지 않으면 점수를 주지 않게 되니까 말이다.

하지만, 김성근의 특별 훈련은 외야수들의 송구 능력을 향상시키기 위한 것이었다. 김성근은 외야에서 2루까지 바로 송구할 수 있는 어깨가 없는 선수는 외야수로 기용할 수 없다고 선언한 뒤, 연일 외야에서 2루까지 공을 던지는 훈련을 시켰다. 왜 그랬을까?

야구에서 팀 방어율은 투수만이 달성하는 것이 아니다. 상대방 타자가 2루타성 안타를 쳤을 때, 그것을 1루에서 막아야 하기 때문이다. 그렇게 하는 데 성공하면 다음 타자의 내야 땅볼 때 병살을 노릴 수 있으며, 혹시라도 다음 타자에게 다시 안타를 맞더라도 점수를 주지 않

을 수 있기 때문이다. 하지만 반대로 첫 번째 타자가 안타를 치고 2루
까지 진루하면, 다음 타자가 안타를 쳤을 때 바로 점수를 허용하게 된
다. 비록 내야 땅볼로 1루에서 아웃되더라도 2루에 있던 주자는 3루
까지 진루하면서 곧 홈을 밟을 가능성이 커진다는 것이다.

외야수의 강한 어깨는 여기에서도 필요하다. 1사 3루에서 다음 타
자가 외야 플라이성 타구를 쳤을 때 외야에서 홈으로 바로 송구할 수
있는 강한 어깨가 있다면 역시 점수를 주지 않게 된다.

다른 감독들이나 선수들은 팀 방어율을 이야기할 때 투수와 타자의
관계만 생각했다. 그런데 김성근의 이런 이야기를 들었더니, 저절로
고개가 끄덕여졌다. 결국 팀 방어율 관리라는 문제의 핵심은 바로 2루
타성 안타를 1루에서 막는 '외야수의 강한 어깨'였던 것이다.

이것은 평생 야구를 했던 전문가의 경험에서 나온 지혜다. 새로운
사업을 담당하게 된 사람들도 바로 이 경우처럼 '다른 사람들이 미처
발견하지 못한 사실'을 찾을 수 있어야 한다.

(2) 인터뷰 내용에서 무엇을 봐야 하는가?

– 단서를 찾아라!

핵심 문제를 정의하기 위한 첫 번째 단계는 '인터뷰와 관찰 등 리서
치를 통해 파악한 사용자 정보' 중에서 흥미로운 사실을 찾는 것이다.

이를 통해 가설적 인사이트의 단서가 될 만한 사실들을 선별한다.

▼ 방법

① 사용자의 인터뷰 내용을 있는 그대로 정리한 뒤 팀원 모두와 공유한다.

② 작성된 데이터 중 사용자에게서 발견한 의미 있는 내용을 파악한다.

③ 주로 행위와 언어를 중심으로 '7가지 단서 추출법'을 활용해 단서를 추출한다.

▼ 7가지 단서 추출법

사용자의 의미 있는 행위와 언어를 판단하기 위한 기준으로, 다음과 같다.

① 모순되는 점을 파악하라! – 말과 행동이 서로 다른 것

② 새롭게 알게 된 사실에 주목하라! – 기존의 생각과 다른 것

③ 사용자의 감정과 에너지를 찾아라!

   – 기쁨, 슬픔, 분노, 놀라움 등

④ 본래 용도와 다르게 사용되는 것을 발견하라!

   – 해결 방법이 제공되지 않아 스스로 만들어 사용하는 경우

⑤ 반복되는 행동과 말을 확인하라! – 여러 번 언급된 말이나 행동

⑥ 현상과 서비스를 인식하고 있는 사용자만의 노하우를 들어라!

    - 특정한 방법이나 언어

⑦ 현실과 이상의 차이(Gap)을 파악하라!

    - 이상적인 모습과 그에 대비되는 현실

(3) 단서를 찾았다면 그 이유를 추론하라!

    - 가설적 인사이트

사용자에게서 파악한 단서에는 아직 생명이 없다. 생명을 불어넣으려면 사용자의 말과 행동에 공감하고, 그것을 이해해야 한다. 이를 통해 사용자가 그러한 말과 행동을 하는 이유를 추론한 뒤 인사이트로 변화시키기 위한 가설적 인사이트를 찾는다.

이 단계에서부터 디자인씽킹과 관련된 진정한 노하우가 필요하다. 단서는 객관적인 사실이지만, 가설적 인사이트부터는 분석자의 해석이 포함되기 때문이다. 물론 다른 사람에게서 해석에 대한 질문과 도전을 받을 때 제대로 대응할 수 있는가는, 사용자의 말과 행동에 얼마나 충실하게 공감했는가에 달려있다.

▰ 방법

① 단서를 기준으로 "왜(Why)?"라는 질문을 통해 말과 행동에 대한

이유를 추론한다.

② 아래에 소개할 5가지 추론법을 활용해 거론된 추론을 보여주면서 치열하게 토론한다. 이 과정은 절대 효율적이지 않다는 사실을 기억하라.

③ 팀원들 중 1명이 진행자(Facilitator)가 되어 추론된 내용을 조율한 뒤 가설적 인사이트 카드를 작성한다. 이 경우 A5크기의 용지에 하나씩 기재한다.

▌ 5가지 추론법

가설적 인사이트를 추론할 때 사용자의 말과 행동의 근본적인 원인을 파악해볼 수 있는 기준으로, 다음과 같다.

① 사용자가 느끼는 불편함은 없는가? - 물리적 요인

② 사용 경험들이 인지적으로 충돌하는가? - 인지적 요인

③ 문화적·사회적 의미가 있는가? - 문화적 요인

④ 상호작용이나 관계와 관련된 의미가 있는가? - 사회적 요인

⑤ 감정적 의미·요인이 있는가? - 감성적 요인

(4) 근원적 욕구를 파악하라!

- 니즈와 인사이트

가설적 인사이트를 의미 단위로 분류한 뒤, 그 이면에 있는 근원적 욕구(니즈/인사이트)를 찾는 과정이다. 먼저, 가설적 인사이트들 상호 간의 인과관계나 유사성에 따라 상관관계를 파악한다. 그리고 파악된 상관관계를 기준으로, 가설적 인사이트를 대표하거나 관통하는 다양한 가설적 인사이트들의 근본 원인인 인사이트를 선정한 뒤, 이를 카드로 작성한다. 인사이트를 검증하는 방법 5가지와 인사이트를 이끌어낼 때 유의해야 할 편견 5가지도 함께 소개하겠다.

▼ 방법

① 인사이트매핑Insight-mapping을 활용한다. 즉, 가설적 인사이트들 간의 관계를 파악한 뒤 구조화된 가설적 인사이트들 간의 관계도를 작성하는 것이다.

② 유사한 가설적 인사이트를 대표하는 인사이트나, 다양한 가설적 인사이트들의 원인이 되는 이유를 하나의 문장으로 표현한 뒤 A5 사이즈 카드에 적는다.

③ 인사이트 문장의 작성은 니즈와 페인포인트Pain-point[*] 등을 포함

---

[*] 타겟 고객이 실질적·인식적으로 가지고 있는 어려운 점이나 문제점이다. '해결되면 더 좋은 것'부터 '해결되지 않으면 타겟 고객에게 고통을 주는 것'까지 다양한 수준으로 존재하는 바, 이것을 해결하는 과정에

한 형태로 작성한다.

▼ 인사이트를 검증하는 5가지 방법

① 사용자에게 얼마나 절실한가?

　－사용자에게서 에너지가 느껴지는지? 사용자가 자구책을 사용

　했는지?

② 인사이트에 공감하는가?

　－들었을 때 "아!" 하는 반응을 보이는지?

③ 기존에는 알려지지 않았거나, 경쟁자가 모르는 것인가?

　－이미 출시된 상품·서비스인지?

④ 뻔한 이야기인가?

　－리서치와 분석을 하지 않아도 상식적으로 알 수 있는 것인지?

　아니면 기존의 생각을 뒤집는 반전이 있는지?

⑤ 사용자에게 기존 행동을 변화시키라고 무리하게 요구하는가?

　－전반적인 비용을 줄여주는지?

▼ 인사이트를 이끌어낼 때 유의해야 할 5가지 편견

① 주관에 의한 선택적 자각

　－한정적·일시적이며 개인적인 경험에 따라 '중요하다'나 '중요

서 새로운 사업 기회들을 발견하게 된다.

하지 않다'고 생각하는 것만 '선택' 또는 '선택하지 않는' 행위

② 최초 인사이트를 선호

　－처음에 발견한 인사이트를 선호하는 프라이머시Primacy 효과

③ 최신 인사이트를 선호

　－가장 최근의 인사이트가 기존의 중요 인사이트를 대신하여

　'가장 중요한 것'으로 파악되는 경우

④ 반복되는 인사이트를 선호

　－팀에서 가장 많이 논의된 인사이트를 선호하는 경향

⑤ 고객의 선호

　－과제의 최종 보고자가 미리 중요하다고 이야기한 인사이트를

　중점적으로 부각시키는 행위

(5) 사용 경험을 한눈에 볼 수 있도록 그려라!

－사용 경험의 재구성·프레임

인사이트를 기반으로 사용자의 경험을 재구성하는 과정이다. 사용자가 원하는 최종적인 모습이나 사용 경험을 조합해 한눈에 파악할 수 있도록 그린다. 그러니까 단편적인 페인포인트, 니즈 또는 인사이트가 아니라, 주제와 관련된 전체적인 경험을 모두 담아서 한눈에 볼 수 있도록 하는 것이다.

이것은 전체적인 시각을 제공해줄 뿐만 아니라, 사용자의 경험 전반에서 무엇이 가장 우선적으로 해결해야 할 과제인지 파악할 수 있도록 프레임을 제공한다. 이러한 프레임으로는 '사용자 여정맵'[*], '액티비트맵activitmap, 벤다이어그램Venn-diagram, 스토리보드story-board 등이 있다. 또한 이 외에도 다양한 창의적인 방법을 고안해낼 수 있다.

▼ 방법

① 인사이트를 기반으로 사용자의 경험(주로 '행위'를 중심으로)을 단계화한다.

② 제품·서비스 사용 경험뿐만 아니라 연관된 경험까지 포함시켜 시간적·공간적 경험을 확장시킨다.

③ 각 경험을 단계로 나누어 사용 경험—활동(Activity), 전후 사정(Context), 감정(Emotion) 등—을 적는다.

④ ③에서 작성한 사용 경험과, 이끌어져 나온 인사이트를 비교해봄으로써 최종적으로 인사이트를 검증한다.

---

[*] 사용자(고객)가 자신이 추구하는 목적을 달성하기 위해 비즈니스를 제공하는 주체와 상호작용(Interaction)하면서 경험하게 되는 일련의 과정을 시각적으로 표현한 구조다.

(6) 그래서 문제가 뭐야?

– 핵심 가치를 '한마디로' 정리하기

재구성된 사용 경험에서 핵심적 고객 가치를 찾아내는 과정이다. 그러니까 앞서 과정에서 이끌어져 나온 인사이트와 경험 중 가장 핵심적인 사용자 가치를 파악하는 과정이다. 이때 유의해야 할 사항은, 핵심 가치를 반드시 사용자 경험에서만 파악하려고 하지 말아야 한다는 점이다. 즉, 사전 문헌 조사 결과와 트렌드 같은 정보를 종합적으로 고려해야 한다.

지금까지의 경험으로 볼 때 핵심 가치를 효과적으로 전달하려면 사용자 관점은 물론, 전체적인 사업 관점에서 큰 의미가 있는 가치를 구해야 한다. 핵심 가치로 정의할 수 있는 요소들은 다음과 같다.

▼ 핵심 가치로 정의할 수 있는 요소들

① 사용자의 니즈나 어려움을 유발시키는 기본적·직접적 원인

② 사용자가 절박하게 해결하고자 하는 주요 행위

③ 사용자가 원하는 이상적인 모습·경험을 나타낼 수 있는 핵심 메시지

④ 인사이트나 사용 경험 전체를 관통하는 직관적인 방향·메시지

(7) 문제 해결의 방향성을 제공하라!

- 디자인챌린지

핵심 가치를 파악했는가? 그렇다면 이를 충족시키기 위한 문제 해결의 가이드를 이 과정에서 구한다. 그래서 이 과정은 '디자인챌린지'라고 불린다. 디자인챌린지에 대해서는 83페이지를 참조하라.

▼ 방법

① 사용자의 관점에서 어떤 경험이 제공되어야 하는지를 정의한다.

② 인사이트·니즈에 대한 해결 방향을 확인한 뒤, '~하라', '~하자', '어떻게 하면 ~할 수 있을까?' 등으로 표현한다.

③ 쉽고 간단한 표현을 사용한다.

④ 구체적이고 명확한 아이디어를 이끌어낼 수 있게끔 문장을 써야만 한다.

⑤ 많은 아이디어들을 제안할 수 있는 가이드가 되어야 한다.

41. 5단계. 아이디어 펼쳐보기(2시간)

- 창의적인 아이디어들을 펼쳐본다!

사용자의 니즈와 핵심 문제를 명확히 정의한 다음, 아이디어를 구하는 단계다. 그래서 '아이디어 내기' 혹은 '아이디에이션Ideation'이라고 한다. 아이디에이션은 팀 단위 또는 외부 사람들도 참여하는 워크숍 형태로 진행한다.

이러한 워크숍의 핵심은 사용자의 니즈나 핵심 문제를 해결하는 다양한 창의적 아이디어를 구하는 것이다. 물론 다양한 새로운 아이디어를 얻으려면 외부 사람들을 반드시 아이디에이션에 초대해야 한다는 사실을 기억해야 한다.

그리고 아이디에이션에서 나오는 아이디어를 보석에 비유하자면 아직 광산에서 막 채굴된 '원석'이다. 일반적으로 원석은 반짝거리는 보석 본래의 모습을 속에 품고 있다. 그러니까 아름답게 반짝이며 비싼 값에 팔리는 다이아몬드 반지는 원석을 가공해야 얻을 수 있는 것이다. 마찬가지로, 아이디에이션 단계에서 참가자들이 제안하는 아이디어로부터 정말로 취해야 하는 것은, '나중에 비싼 값에 팔릴 수 있는 반짝이는 보석 같은 가능성'이다. 서비스디자인의 더블다이아몬드 프로세스에서 보면 이 단계는 두 번째 단계인 '확산의 단계'인 것이다. 즉, 다양한 아이디어를 많이 모으는 단계다.

아이디에이션의 목적은 가급적 많은 아이디어를 내놓는 것이다. 많은 아이디어를 모음으로써 결국 중요하고 새로운 것을 발견할 수 있기 때문이다. 하지만, 모든 아이디어들이 완벽하거나 좋을 것이라는 기대는 금물이다. 사실, 아이디에이션 단계에서 취한 아이디어는 대개 거칠고 불완전해서 그대로 사용하면 금방 실망하게 된다.

(1) 좋은 결과물을 구하는 아이디에이션의 첫 번째 조건
– 준비

일단 어떤 식의 아이디에이션 워크숍을 몇 번 진행할지 결정해야 한다. 또한, 해당 산업의 전문가들과 인터뷰에 참가했던 사용자들도 참여시킨다. 전문가들은 미리 경험·연구했던 다양한 관점들을 쏟아낼 것이다. 사용자들은 그들의 개인적인 니즈를 잘 파악하고 있으며, 이에 따라 아이디어를 구할 것이다.

만약 이것이 회사 내에서 진행되는 프로젝트라면, 먼저 프로젝트를 진행하는 팀과 회사 내부 구성원들이 아이디에이션을 진행하는 것도 좋다. 이후에 외부 전문가들 또는 사용자들과 함께 특정한 영역에 대해 더 많은 아이디어를 얻기 위한 아이디에이션 워크숍을 진행한다. 그 방법은 다음과 같다.

방법

① 아이디에이션 워크숍을 진행하는 진행자와 스텝들의 역할을 정의하고, 워크숍에 참여할 사람들의 담당 업무, 전공 분야, 전문지식 수준 등을 고려하면서 팀·그룹을 구성한다.

② 프로젝트의 목적과 제약 조건 등은 물론, 워크숍 참가자들의 상황까지 고려해 아이데이션 워크숍 일정 관련 계획을 작성한다.

③ 아이데이션 워크숍 작업을 진행하기에 적합한 장소를 섭외한다.

④ 아이디에이션의 각 단계별 시간과 휴식 시간 등에 대한 상세한 계획을 수립한다.

⑤ 워크숍에 필요한 준비물(필기구, 네임텍, 포스트잇, 핸드아웃 등) 및 회의용 장비, 워크숍 장소 내의 시설물 배치 등을 고려한다.

⑥ 아이디에이션 협업 팀 구성원의 지식, 경험, 아이디어 등을 효과적으로 공유할 수 있는 아이데이션 방안(방법론, 프로세스, 템플릿 등)을 미리 정의한다.

⑦ 아이디에이션 참가자들을 대상으로 워크숍 개요·목적, '4단계. 핵심 문제 정의하기(6시간)'에서 이끌어져 나온 결과물, 워크숍에서 활용하려는 방법론 등을 공유한다.

(2) 좋은 결과물을 구하는 아이디에이션의 두 번째 조건
– 아이디에이션 방법 결정

다음으로는 최종적으로 이끌어내야 할 제품·서비스의 특성, 협업 팀 구성원들의 전문 분야와 구성 등을 고려해야 한다. 그럼으로써 아이데이션을 진행하면시 사용할 방법론을 선정하고, 관련 프로토콜 protocol도 준비해야 한다. 그 방법과 원칙은 다음과 같다.

1) 브레인스토밍과 브레인라이팅[*]

① 브레인스토밍과 브레인라이팅을 진행하기에 앞서, 워크숍에 참여한 구성원들의 방법론 이해도와 전문 지식 등을 고려한다. 그럼으로써 특정 시간 동안 몇 개의 아이디어를 구할지 논의한다(예를 들면, 1시간에 100가지를 만들 수 있는가?).

---

[*] Brain Writing, '침묵의 집단 발상법'이다. 자신의 아이디어를 자유롭게 이야기하는 브레인스토밍과는 달리, 자신의 생각을 어느 누구의 간섭도 받지 않고 자유롭게 종이에 조용히 기재하는 활동이다. 카드나 종이에 자신의 아이디어를 적고 다른 사람에게 전달하면, 다른 사람이 이에 더해 아이디어를 내놓는다.

② 가급적 많은 아이디어를 구하기 위해 비판이나 평가는 자제한
다. 그리고 시제품(Prototype)을 만드는 데 필요한 간단한 재료와
포스트잇, 필기구 등을 준비한다.

③ 워크숍 참가자들은 떠오르는 아이디어를 자신에게 주어진 포스
트잇, 필기구, 시제품 재료로 표현한다.

④ 아이디어 발상·전개 과정에서 다른 구성원의 아이디어 및 기본
적인 고객 요구 사항(VOC) 등을 참고하여 다양한 아이디어를 만
들어낸다.

⑤ 브레인스토밍 때에는 별도의 기록자를 갖춘다. 브레인라이팅 때
에는 참여한 구성원들이 직접 기록한다.

2) 일반적인 브레인스토밍의 팀 규칙 4가지

① 가급적 많은 아이디어를 떠올려라.

② 타인의 아이디어를 비판하지 마라.

③ 아이디어의 질을 따지지 마라.

④ 서로 다른 아이디어를 결합하라.

3) 디자인컨설팅 전문 기업 IDEO가 제시한 브레인스토밍의 원칙 7가지

① 초점을 명확히 한다. 즉, 고객의 요구나 서비스에 집중해서 문제
를 명확하게 제시한다.

② 규칙을 만든다. 예를 들면 '양을 추구한다', '엉뚱한 아이디어를 격려한다', '시각화한다', '판단은 뒤로 미룬다', '한 번에 한 가지씩만 이야기한다' 등이다.

③ 아이디어에 번호를 매긴다.

④ 아이디어를 내놓는 활동이 원만하게 이루어지지 않을 때에는 사회자가 다른 이슈로 건너뛰자고 제의한다.

⑤ 아이디어를 기록하기 위해 가능한 모든 공간을 활용한다.

⑥ 워밍업warming-up할 시간을 갖는다.

⑦ 온몸을 활용해서 스케치를 하거나 시제품을 만든다.

4) 브레인라이팅 진행 방법

① 브레인라이팅 주제를 선정한다.

② 회의 참가자와 진행자를 정한다.

③ 테이블을 □ 자 형태로 배치한다.

④ 브레인라이팅을 위한 시트를 준비한다.

⑤ 3~5분간 구성원들 각자가 시트의 첫 줄에 3개의 아이디어를 메모한다.

⑥ 옆사람에게 넘긴다. 그렇게 함으로써 아이디어를 발전시키거나 자신의 생각을 아랫줄에 새롭게 기입한다.

⑦ 이런 과정을 5~6번 반복한다

5) 만다라트Mandal-Art[*]

① 워크숍 참가자들이 정사각형 9개로 이루어진 표(만다라트)를 그릴 수 있도록 A4 용지나 포스트잇을 준비한다.

② 9개의 정사각형들 중에서 중앙에 있는 칸에 핵심 단어를 적은 플래시카드Flash Card를 놓고, 나머지 8개의 정사각형들에는 워크숍 참가자들의 생각이나 관련 아이디어를 작성해 배치시킨다. 플래시카드는 컨셉 개발에 필요한 세부적인 테마, 핵심 가치, 소비자 및 기능적 요구 사항 등으로 구성되어있다.

③ 나머지 8개의 정사각형들 안에 기록된 내용을 근거로 새로운 만다라트를 작성한 뒤, ①과 ②를 반복한다. 이렇게 하면 만다라트를 계층적으로 확장시킬 수 있다.

6) 마인드맵Mind Map

① 마인드맵 작성에 필요한 포스트잇, 종이, 플래시카드 등을 준비한다.

② 개발하려는 제품·서비스를 중앙에 표시하고, 핵심 문제를 정의하는 과정에서 구한 산출물들에 플래시카드를 자유롭게 나열한다. – 인간의 뇌는 시계 방향 흐름에 익숙하기 때문에, 플래시카

---

[*] 일본 디자이너인 이마이즈미 히로아키가 개발한 발상 기법으로, 목적을 달성하는 데 필요한 기술·툴이다. 체계화되지 않은 아이디어들이 사방으로 퍼져나가게 함으로서 생각을 정리할 수 있다. 나선형 구조로 움직이기에 브레인스토밍 때 도움이 되는 도구로서, 참여하는 구성원이 늘어날수록 많은 수의 아이디어를 떠올리고 전개하는 것이 가능하다.

드를 시계 방향으로 나열하는 과정에서 유기적으로 연결된 일련의 아이디어들이 자유롭게 튀어나오는 것을 볼 수 있다.

③ 한 플래시카드에서 튀어나온 아이디어와 다른 플래시카드들 혹은 다른 플래시카드로부터 이끌어져 나온 아이디어의 연관성을 확인한다. 이 과정에서 아이디어를 조합하는 관점을 따른다.

④ 전반적인 마인드맵 작성이 끝나면 사진과 그림 같은 시각적 자료를 보충하며, 참여한 구성원들의 이해를 돕거나 아이디어들을 정리한다. – 화이트보드에 포스트잇을 붙이는 식으로 마인드맵을 정리하면, 작성된 마인드맵의 구성 요소들의 배치를 바꾸거나, 매직펜 등으로 아이디어를 보충하고 그룹핑하기 좋다.

7) SCAMPER

① Substitute(대체)

– 대체할 것을 찾다보면 새로운 아이디어도 구할 수 있다.

– "누가 무엇을 대체할 수 있는가?"

– "다른 절차·재료를 사용할 수 있는가?"

② Combine(결합)

– 짝지을 수 있는 것을 찾다보면 짝지어진 것들이 시너지 효과를 발휘하거나, 아예 새로운 것을 만들어낼 수 있다.

– "어떤 요소·부품을 합칠(결합할) 수 있는가?"

– "최종 목적, 방법, 재료를 어떻게 합칠 수 있는가?"

③ Adapt(응용)

- 어떤 부분에 다른 분야의 해결책을 응용하면 새로운 것을 만
  들 수 있다.

- "이것과 같은 것은 무엇인가?"

- "예전에도 이와 같은 상황이 있었는가?"

- "이것과 유사한 상황에서 문제를 해결한 다른 사례가 있나?"

④ Modify(변화)

- 복잡한 현상을 변화시키면 대안을 찾아낼 수 있다.

- "무엇을 더하거나 뺄 수 있는가?"

- "의미, 색상, 모양, 소리, 빈도 등을 바꿀 수 있는가?"

⑤ Put to other uses(다르게 사용하기)

- 현재의 것을 '혁신적으로 다르게' 사용하면 새로운 기회를 만들
  수 있다.

- "다른 용도로 쓸 수 없는가?"

- "다른 시상에서 활용할 수 없는가?"

⑥ Eliminate(제거)

- 기존의 것에서 무엇인가를 제거해보면 문제 해결의 실마리를
  찾을 수 있다.

- "혹시 ○○을 생략할 수는 없는가?"

- "이게 없다면 어떻게 되는가?"

⑦ Reverse(순서를 바꿈)

　– 순서나 구성을 다르게 한다면 색다른 아이디어를 찾을 수 있다.

　– "현재의 패턴이나 가정을 뒤집거나 순서를 바꿔볼까?"

　– "이 중에서 ○○을 교환·배열·재배치해보면 어떤가?"

(3) 좋은 결과물을 구하는
아이디에이션의 세 번째 조건
– 퍼실리테이션

성공적인 아이디에이션 워크숍의 핵심(Key Factor)은 높은 에너지 수준을 유지하는 것이다. 그러므로 퍼실리테이터facilitator는 워크숍 시작부터 끝까지 높은 에너지 수준을 유지해야 한다. 또한, 워크숍에 참가하는 모든 사람들이 자발적으로 높은 에너지 수준을 유지할 수 있도록 지원한다.

퍼실리테이터는 워크숍의 진행을 돕는다. 즉, 워크숍 참가자들에게 해결하고자 하는 문제와 맥락에 대한 충분한 정보를 제공해야 한다.

하지만, 여기서 주의해야 할 것은, 다양한 아이디어들을 구하는 데 장애를 줄 정도로 세부적·제한적인 영역으로 주제를 좁혀가지 않도록 하는 것이다. 그러니까 워크숍 참가자들이 모든 아이디어들, 특히 엉뚱한 아이디어들을 서로 공유하게 함으로서, 그 기반 위에 더욱 엉뚱하거나 기존의 것과는 다른 아이디어들을 내놓을 수 있도록 돕는다.

그래서 좋은 퍼실리테이터는 다음과 같은 3가지 역할을 충실하게 하는 사람이다.

1) 프로세스Process(과정) 관리

아이디에이션을 비롯한 디자인씽킹의 모든 과정은 일정한 방법과 절차를 따른다. 이렇게 하는 이유는 그러한 절차와 방법을 통해 더 나은 성과를 구할 수 있다는 사실을 많은 시행착오를 거쳐 확인했기 때문이다.

퍼실리테이터는 워크숍 참가자들에게 무엇을 해야 하는지, 다음에는 무엇을 해야 할지를 알려주어야 한다. 그리고 그러한 목표를 잘 지켜나가도록 안내해야 한다. 이렇게 되면 워크숍 참가자들이 1개의 활동에 매몰됨으로서 에너지를 낭비하는 것을 예방할 수 있으며, 지속적으로 높은 에너지 수준을 유지할 수도 있다.

2) 플로우Flow(흐름) 관리

퍼실리테이터는 모든 참가자들이 자발적·적극적으로 참여할 수 있도록 기회를 공정하게 제공해야 한다. 대개 특정한 한 사람이 대화의 주도권을 가지면, 그 그룹은 참가자들 모두의 다양한 경험과 의견을 하나로 녹여내지 못하게 된다. 그러면 본래 의도했던 결과물을 얻지 못하게 된다. 그러므로 퍼실리테이터는 대화, 발표, 의견을 내놓는 것

등과 관련하여 모든 사람들이 자신의 목소리를 낼 수 있도록 자연스
럽게 유도해야 한다.

3) 아웃컴Outcome(결과) 관리

미팅을 유연하게 진행하는 것보다, 구하려던 결과물을 실제로 확보
하는 것이 더 중요하다. 그러므로 퍼실리테이터는 그룹이 원하는 방
법과 수준의 결과물을 구하기 위해 미리 기획하면서 준비해야 한다.

일반적으로 토론에 열기가 더해지다보면 말이 무성하게 오가곤 한
다. 하지만 퍼실리테이터는 이러한 말들을 어떻게 자료와 정보로 전
환·취합할지를 미리 구상해야 한다. 이를 위해 사용할 수 있는 방법
들로는 다음과 같은 것들이 있다.

① 참가자들이 자연스럽게 이야기하는 도중에 자신의 이야기를 자
  료화하는 방법
② 참가자들은 토론에만 집중하고, 이를 정리·취합하는 것은 다른
  사람이 담당하는 방법

하지만 아이디에이션 워크숍을 했더라도, 이때 나온 모든 아이디
어가 유용할 것이라고 기대해서는 안 된다. 오히려 유용하기보다 '조
금이라도 엉뚱한 아이디어'를 많이 내도록 유도하는 것이, 나중에 창
의적이고 새로운 비즈니스 컨셉을 만드는 데 훨씬 큰 도움이 될 수 있

다. 즉, 내가 익숙하고 잘 아는 동네 개울가에서는 다이아몬드 원석을 찾기 어렵다는 뜻이기도 하다. 오히려, 한 번도 가보지 않은 깊은 산악 지역이나 동굴 또는 사막에서 다이아몬드 원석을 찾을 수 있다는 뜻이다.

워크숍 참가자들이 내는 아이디어는 말 그대로 다이아몬드 원석이다. 그렇기 때문에 그 진정한 가치를 제대로 이해하려면 아이디어의 핵심을 묘사해야 한다. 가급적 간단한 스케치나 이미지로 표현한다면 아이디어의 핵심을 더욱 명확하게 표현할 수 있다.

(4) 보석이 될 만한 원석을 고르는 과정
– 아이디어 필터링

아이디에이션은 워크숍 참가자들이 다 함께 모여 다양한 아이디어들을 내놓는 것으로 끝나지 않는다. 참가자들이 내놓은 아이디어들 중에서 보석으로 가공할 만한 원석을 골라내는 것(아이디어 필터링Idea Filtering)까지 완료해야 한다. 그러니 일단 '4단계. 핵심 문제 정의하기(6시간)'에서 구한 디자인챌린지를 활용해 아이디어 필터링을 한다. 그러니까 아주 좋은 보석을 품은 듯한 원석을 골라내야 한다는 의미다.

일단, 여러 아이디어들을 평가하기 위해 유사하거나 중복되는 아이디어들을 묶는다. 그럼으로써 평가하려는 대상의 수를 줄인다. 아이디어들을 묶을 때에는 유사성(Similarity), 아이디어들 간의 상호 관계, 각 아이디어들의 목적과 이를 실천할 수단 같은 적절한 기준을 정하여 활용한다.

1) 친화도법親和圖法(Affinity Diagram)

① 이끌어져 나온 각각의 아이디어들을 워크숍 참가자가 한꺼번에 볼 수 있도록 친화벽(Affinity Wall)[*]에 부착한다.

② 각 아이디어들의 의미론적 연관성, 상호 의존성·존속성 등에 따라 아이디어들을 밑에서부터 점진적으로 묶어나간다.

③ 일반적으로는 아이디어들 간의 유사성 관점에서 비슷한 아이디어들을 묶음으로써 중복성을 제거한다

④ 아이디어들을 묶기 어렵다면 '목표 가치'와 '품질 속성' 등 전략적 목표와 관련된 상위 속성들을 기준으로 아이디어들을 묶는다.

⑤ 묶인 아이디어들의 기본적인 속성을 파악한 뒤, 다른 아이디어들과 많은 관련이 있는 핵심 아이디어들을 추려내어 나중에 컨셉을 이끌어낼 때 활용한다.

2) 2×2 행렬(Matrix)

이끌어져 나온 아이디어들을 엑셀 프로그램의 행과 열에 나열한다.

---

[*] 데이터나 아이디어를 서로 자연스러운 관계에 따라 그룹으로 묶기 위한 벽이다.

그런 다음에 아이디어들 간의 관계와 속성을 파악하기 위해 행렬을 분석한다. 이 작업에 활용할 수 있는 행렬들은 다음과 같다.

① 선후행 행렬(From-To Matrix)과 상관관계 행렬(Relationship Matrix)

두 행렬은 각 아이디어들의 연관성을 점검하거나, 사용자의 관점 및 제품·서비스 개발 관점에서 각 아이디어들의 중요도를 평가하는 활동이다. 그럼으로써 아이디어를 실행할 때 기반이 되는 필수 아이디어를 구한다. 이를 통해, 아이디어들 간의 종속 관계는 물론 독립성도 파악할 수 있다.

② 목표/수단 행렬(SO Matrix)

이끌어져 나온 아이디어들을 모두 이용해 각 아이디어의 목표가 무엇인지, 각 아이디어의 목표 실행을 위한 수단은 무엇인지를 정의한다. 그리고 정의한 목표·수단을 엑셀 프로그램의 행과 열에 기록하고, 아이디어를 배치한다. 이렇게 만든 '아이디어 배치표'를 확인한 결과, 상대적으로 아이디어가 많거나 부족한 부분을 파악하고, 그렇게 된 원인을 분석한다. 만약 기회요소라고 판단된다면, 그 부분을 중심으로 아이디어를 보완한다.

3) 카노 모델Kano Model

카노 모델은 사용자들의 만족도와 아이디어들 간의 관계를 명시함으로써 개별 아이디어들의 가치를 파악할 수 있도록 도움을 준다.

우선, 이끌어져 나온 아이디어들을 활용하여 카노 모델의 속성들 중 어디에 해당되는지를 워크숍 참가자들 각자가 다음과 같은 총 4가지 영역에서 평가한다. 즉, 참가자들의 판단 결과를 정량적으로 취합하거나, 각자의 의견을 정성적으로 종합해 최종 카노 모델을 완성한다. 완성된 카노 모델의 결과물들을 활용하여 개별 아이디어들의 우선순위를 대략적으로 파악한다.

① Must be(반드시 있어야 하는 것) – 기본적인 니즈가 반드시 충족되어야 하는 아이디어들이다. 만약 제공되는 아이디어가 없다면 사용자들의 불만이 크게 늘어난다.

② Attractive(매력적인 것) – 니즈가 충족될수록 사용자들의 만족도를 증가시켜주는 아이디어들이다. 그러나 니즈가 충족되지 않더라도 사용자들이 불만족스러워하지는 않는 것이기도 하다.

③ One Dimensional(한 방향인 것) – 아이디어로 니즈가 충족됨에 따라 사용자들의 만족도도 함께 늘어나는 경우다. 니즈가 충족되지 않으면 만족도도 덩달아 줄어든다.

④ Indifferent(무관한 것) – 아이디어로 니즈가 충족되든 말든 사용자들이 관심이 없는 경우다.

42. 6단계. 컨셉 완성하기(4시간)

　　- 컨셉을 완성한다!

　'5단계. 아이디어 펼쳐보기(2시간)'를 통해 이끌어낸 아이디어들과, 이들을 묶음으로써 수집된 정보를 활용한다. 그럼으로써 최종적인 스토리로 구성할 컨셉들의 후보를 마련한 뒤, 이를 최종 컨셉으로 발전시키는 것이 바로 이 과정이다.

　컨셉의 대표적인 사용 모습(scene)을 중심으로 다양한 이해관계자들과 함께 '상황이 포함된 시나리오'를 여러 개 구성한다. 그런 다음에 이를 기반으로 컨셉의 세부 개념을 보완하고 발전시킨다.

　아울러 고객들이 어떤 제품·서비스를 이용하는 상황에 관한 대표적인 시나리오를 중심으로 사용 모습(Scene), 핵심 기능과 요소(Function & Feature) 등을 워크숍 참가자들 모두가 볼 수 있도록 시각화한다.

(1) 컨셉 후보 구성 요소

① Naming(이름 정하기) – 컨셉의 목록, 주요 사용자, 차별적 기능 등을 쉽게 파악할 수 있도록 컨셉의 이름을 정한다.

② Visualization(시각화) – 대표적인 사용 시나리오 및 핵심 요소와 기능(Feature & Function)을 나타낼 수 있도록 시각화한다.

③ Needs & Customer Value Proposition(니즈 & 고객 가치 제시) – 컨셉을 이끌어낸 사용자들의 니즈와, 그것을 달성할 수 있도록 해줄 고객 가치 등을 적는다.

④ Story Board(스토리 작성) – 고객 가치를 보다 더 상세히 표현하기 위해 간략한 스토리를 작성한다. 이때에는 이 컨셉이 전체적인 시스템과 어떻게 연관되었는지를 함께 표현한다.

(2) 후보 컨셉의 평가 기준 및 평가

핵심 컨셉을 이끌어내는 데 필요한 적절한 평가 기준·방법을 선정하고, 기준별 우선순위와 가중치(weight)를 산정한다. 즉, 평가 기준·방법을 적용함으로써 아이디어 컨셉에 따라 평가하고, 그 결과를 시각화하는 것이다. 그 과정은 다음과 같다.

① 일반적인 컨셉 평가 기준으로는 시장성, 기술타당성, 차별성 등이 있다. 이들에 따라 세부 항목들을 추가함으로서 계층적 (Hierarchical) 평가 기준을 구성한다.

② 고객 선호도 기준을 적용할 때에는 직접 고객 조사를 함으로써 컨셉을 평가하고 서열화한다. 직접 고객을 조사하는 방법은 핫숍Hotshop이라고 불리는 바, 바로 이 핫숍으로 '컨셉을 통해 전달하려는 고객들의 니즈와 가치'가 제대로 전달되는지를 중점적으로 확인한다.

③ 평가 결과 분석을 통한 아이디어 컨셉의 우선순위와 상대적 중요도를 결정한다.

④ 선정된 핵심 아이디어 컨셉을 프로젝트 팀원들이 이해·공유할 수 있도록 더욱 명확하게 만든 뒤, 보다 세부적으로 문서화한다.

Tip-3 아이디어를 내놓을 때에는 창의력과 상상력이 언어인 비유(Analogy)를 활용하라!

이 세상의 모든 일들에는 나름대로 '원인(Reason)'이 있다. 그중 가장 근본적인 원인이 '루트 코즈Root cause'라 불리는 것이다. 루트 코즈는 사람이 에너지를 밖으로 표출할 때 확인할 수 있다. 그 에너지는 흥분, 분노, 긴장, 슬픔, 낙담, 포기, 인내, 기쁨 등으로 표출된다. 그러니까 사람의 표정, 반응, 행동 등을 보고서 루트 코즈를 확인했다면, 다른 영역·현상에서 동일한 원리로 적용된 사례인 비유를 찾아야 한다. 그리고 그 비유를 상황에 맞게 변형해 적용해야 한다. 즉, 이러한 에너지 표출을 통해 '규명되지 않았던 니즈(unarticulated needs)'도 발견할 수 있는 것이다. 결국, 창의적인 아이디어를 구하고 정리하려면 그에 적합한 비유를 찾아야 한다.

비유의 목적은 특정한 것에 대해 설명하거나, 그것을 명확하게 하려고 다른 것과 비교하는 것이다. 일반적인 경우 니즈는 해결책(Solution)이 제공되었을 때 명확하게 인식·증명될 수 있다. 사실, 새로운 서비스라는 것도 고객들의 명확하지 않은 니즈를 충족시켜주기 위해 시도하는 다양한 비유들 중 하나인 셈이다. 이러한 비유들 가운데 가장 적정한 것이 고객들에게 제공되었을 때, 우리는 이것을 '창의적인 해결책'이라고 부른다. 즉, 비유는 검증된 해결책을 효과적으로 표현하는 방법이다. 결국 비즈니스의 성공은 사용자들이 새로운 서비스에 만족하여 그에 대한 경제적 대가를 자발적으로 지불한 데 따른 결과물이다.

다시 정리하자면, 비유는 새로운 비즈니스 모델을 찾으러 갈 때 이용하는 지름길이다. 왜냐하면 새로운 아이디어를 기존의 성공한 아이디어들과 비교해봄으로써, 새로운 아이디어를 쉽고 빠르게 검증해볼 수 있기 때문이다. 그럼 이쯤에서 새로운 비즈니스 컨셉을 발굴하는 '비유 프로세스'를 요약해보겠다.

(1) 일상생활에서 사람들의 경험을 관찰하면서 에너지가 높을 때 힌트를 얻는다.

Tip. 경험은 문화, 환경, 디바이스device에 따라 바뀐다. 그러므로 같은 시대를 사는 사람들이 추구하는 차별적 가치(Differentiated Value)의 관점에서 확인한다.

(2) (1)의 힌트로 분석하여 규명되지 않은 니즈(Unarticulated Needs)를 찾는다.

Tip. 이것을 한마디로 정의하는 것이 중요하다. 구체적이고 짧은 문장으로, 즉 핵심을 제대로 파악하는 것이다. 예를 들면, 스마트폰 시대의 사람들에게 음성 통화란 '상대방을 살피는 행위'라는 점에 주목해보자. 그러니까 스마트폰이 생기기 전에는 음성 통화가 전화기를 통한 대화와 정보 교환 그 자체였지만, 오늘날에는 상대방의 느낌과 감정, 생각을 살피는 수단인 것이다.

(3) 니즈를 만족시킬 수 있는 비유를 찾는다.

Tip 1. 적어도 10개의 비유들을 확인하라. 그리고 해당 사업 영역에서 적용해볼 수 있는 최적의 대안을 만든다.

Tip 2. 비유를 잘 다듬음으로써 니즈에 가장 적합한 '간단한 것'을 찾는다. 이것을 고객이 처한 상황에서 확인하고 검증한다.

Tip 3. 정량 조사, 고객으로부터의 피드백, 사용성 평가 등을 실시한다.

'비유 프로세스'를 진행하면서 주의해야 할 점은, 동일한 사업 영역에서 벤치마킹 등을 통해 찾은 사례들은 경쟁 기업들을 파악하기 위한 참고 자료로만 활용해야 한다는 점이다. 즉, 타 회사에서 만들어낸 우수 사례 그 자체가 새롭고 창의적인 비즈니스 컨셉이 될 수는 없는 것이다. 오히려 우수 사례는 우리 회사가 창의적인 아이디어를 만들어내지 못하게 하는 방해 요인이 될 수도 있다. 특히, 단순히 따라하는 식의 벤치마킹은 타 회사와의 경쟁에 부정적으로 작용한다. 결국, '비유 프로세스'의 답은 이미 우리가 아는 것에 있다는 사실을 유념해야 한다. 단지, 문제에 딱 맞는 답을 아직 찾지 못했을 뿐이며, 문제 해결에 제대로 도움이 될 올바른 재료를 아직 찾아내지 못했을 따름이다.

비유는 논리적 이해는 물론 아이디어를 구하는 데에도 큰 도움을 준다. 그러니까, 자신의 생각을 바로 '개념적인 단어'로 표현하는 것보다, 미리 준비한 예제들로 자신이 의도한 것을 상대방에게 제대로 설득하는 것을 더욱 중요시해야 한다.

필자는 어린이들이나 청소년들의 창의성을 키우는 가장 좋은 지름길도 '비유를 익히는 것'이라고 본다. 비유를 활용하여 핵심을 찾는 훈련을 계속 연습하면, 스토리와 맥락을 제대로 이해할 수 있기 때문이다. 즉, 비교 대상들 간의 관련성을 명확하게 이해하고, 나아가 설명이 가능할 정도로 구체적으로 파악하게 된다. 그리고 비유를 활용하면 아이디어의 맥을 명확하게 잡아낼 수 있어 창의적인 아이디어를 더욱 많이 그리고 더 쉽게 내놓을 수 있다.

43. 7단계. 결과 전달하기(2시간)

– 최종 의사결정자에게 결과를 전달한다!

최종적으로 구해낸 핵심 컨셉에 대한 제품 스케치와 사용 시나리오 등을 시각적으로 표현한 다음에, 이를 프리젠테이션으로 전달하는 과정이다.

이 과정에서는 제품을 사용하거나 서비스를 이용하는 이해관계자들의 활동을 시간의 흐름에 따라 자연스럽게 표현한다. 텍스트나 일러스트, 직접 촬영한 사진 등을 연결한 스토리보드로 표현하거나, 비디오를 이용해 동영상으로 제작하여 보여주기도 한다. 아울러 이 과정에서는 특정 프로세스를 경험한 사용자의 대표적인 모습(Scene)을 강조하여 의사결정자·개발자들의 이해를 돕는다.

서비스디자인 담당자들은 컨셉에 관한 블루프린트blue-print를 작성함으로써 이 컨셉과 소비자들의 접점들은 물론, 이 컨셉을 구현하는 데 필요한 조직과 이를 지원하는 시스템 등의 전체 흐름을 표현한다.

한편, 앞으로는 아이디어 컨셉을 보여주는 데 그치지 않고, 이를 적용한 결과까지 통계적 수치로 확인시켜주어야 한다. 그렇게 하면 더욱 강력한 확신을 가질 수 있기 때문에 현장에 적용할 수 있는 방법까지 고려할 수 있기 때문이다.

최종적으로 구해낸 핵심 컨셉을 최종 의사결정자에게 전달할 때에는 '사용자들로부터 얻은 새로운 가치'를 중심으로 전달한다. 그럼으로써 최종 의사결정자는 기존에 몰랐던 사실을 알게 되기 때문이다. 즉, 최종 의사결정자가 선물을 받는 듯한 느낌이 들게 해야 한다. 이렇게 하면 일반적인 컨셉보다 더 창의적이고 혁신적인 컨셉에 최종 의사결정자가 집중하게 된다.

실천적인 디자인씽킹 전문가를 꿈꾸며

필자는 디자인씽킹 방법론을 활용하여 뛰어난 사람들과 오랫동안 일할 수 있었던 것이 가장 큰 행운이라고 생각한다. 그분들도 필자 덕에 신상품을 시장에 내놓거나 신규 서비스를 준비하면서, 혹은 기존 사업을 개선하면서 디자인씽킹에 따라 체계화된 방법론을 기획하여 문제를 해결할 수 있었기에 정말 다행스러웠다고 한다.

물론 지금 돌이켜보면 필자가 겪었던 다양한 시행착오들이 떠오른다. '더 잘 할 수도 있었는데…'라는 아쉬움도 많이 남아있다. 하지만, 필자는 이러한 경험들을 디자인씽킹의 철학과 방법을 조금씩 더 쌓아 올리는 계기로 삼았다.

부족하나마 그러한 경험과 생각을 이렇게 책으로 정리할 수 있게 해준 기회를 받을 수 있었음에 감사드린다. 특히, 애정을 가지고 지켜봐주시고 늘 격려해주신 SK플래닛의 서진우 사장님, 디자인씽킹의 노하우를 SK에 도입하여 뿌리를 내릴 수 있도록 해주신 SK의 김신배 부회장님, 베인앤컴퍼니Bain & Company의 홍범식 대표님, 필자의 멘토 역할을 해주신 SK텔레콤의 육태선 전무님, SK M&S의 김두현 대표님, 이성호 유니트Unit장님, 제주항공 강석훈 이사님, 한국디자인진흥원 오규원 본부장님, 윤병문 실장님, 김태완 실장님, 윤성원 팀장님, 정의수 팀장님, 이동현 팀장님, 조동천 팀장님, 씽크포비엘의 박지환 대표님께도 감사드린다.

아울러 함께 동고동락하면서 많은 경험을 공유하고, 함께 학습하는 시간을 가졌던 SK플래닛 HCI 팀의 김경진 팀장과 모든 동료들에게 감사를 전한다.

이 책이 세상에 나올 수 있게 도와주신 도서출판 한언 김철종 사장님과, 편집을 꼼꼼하고 책임감 있게 이글어주신 장웅진 편집팀장님, 그리고 이 책에 생명력을 불어넣어주신 이찬미 북디자이너님께도 감사의 말씀을 드린다.

한언의 사명선언문

Since 3rd day January, 1998

Our Mission – 우리는 새로운 지식을 창출, 전파하여 전 인류가 이를 공유케 함으로써 인류 문화의 발전과 행복에 이바지한다.

 – 우리는 끊임없이 학습하는 조직으로서 자신과 조직의 발전을 위해 쉼없이 노력하며, 궁극적으로는 세계적 콘텐츠 그룹을 지향한다.

 – 우리는 정신적, 물질적으로 최고 수준의 복지를 실현하기 위해 노력하며, 명실공히 초일류 사원들의 집합체로서 부끄럼 없이 행동한다.

Our Vision   한언은 콘텐츠 기업의 선도적 성공 모델이 된다.

> 저희 한언인들은 위와 같은 사명을 항상 가슴속에 간직하고
> 좋은 책을 만들기 위해 최선을 다하고 있습니다.
> 독자 여러분의 아낌없는 충고와 격려를 부탁드립니다.
> · 한언 가족 ·

HanEon's Mission statement

Our Mission – We create and broadcast new knowledge for the advancement and happiness of the whole human race.

– We do our best to improve ourselves and the organization, with the ultimate goal of striving to be the best content group in the world.

– We try to realize the highest quality of welfare system in both mental and physical ways and we behave in a manner that reflects our mission as proud members of HanEon Community.

Our Vision   HanEon will be the leading Success Model of the content group.